チーミングリーダー入門

勝てるチームは会議でつくれ！

Tajika Hidetoshi
田近秀敏

PHP

『勝てるチームは会議でつくれ！』への序文

ピーター・ホーキンズ

先日の東京オリンピックを見ていて、私はチームコーチングをオリンピック種目にするべきではないかと考えました。

そして、もしそうなれば、田近秀敏氏は金メダルの有力な候補者になると思います。彼は日本におけるチームコーチングの開発者であり、株式会社日本チームコーチング協会の共同設立者、そして、一般社団法人全国チームコーチ連盟の代表理事です。また、田近氏が開発したトレーニングプログラムは、様々な企業の管理職やリーダーを対象に、チーム開発や会議を成功させるためのトレーニングとして活用されています。

田近氏と同様に、私も以前から、なぜ多くの人が会議を嫌い、退屈で非生産的だと感

220〜221ページに原文を掲載しています。

じているのかを考えてきました。

チームの会議は、チームがメンバーの総和以上の機能を発揮し、個人では到達しないような新しい考えを生み出す絶好の機会です。ところが、そのようなことが会議で起きるのは稀《まれ》です。

田近氏は、会議を成功させるためには「型」や規律が必要であることを示しています。「型」とは、武術の詳細な振り付けパターンのことです。この規律を学ぶだけでなく、チームコーチと一緒に実践することで、チームは古くて役に立たない習慣を断ち切って、成功する会議の「型」を発見することができるのです。

彼は、チームマネジャーは、まず、直属の部下全員と1対1の会議を成功させる方法を学ぶ必要があると提案しています。

この会議は、コーチングのアプローチに基づいている必要があります。リーダーは、単に命令するのではなく、質の高い質問をし、その回答に効果的に耳を傾けます。従業員がサポートや助けを必要としているところはそこなのです。

しかしながら、会議は単なる相談ではなく、仕事で達成すべきタスクと目標に焦点を当てます。つまり、会議とはパフォーマンスと人物を中心としたものです。

続いて、チームの会議です。

いくつかのコアモデルとアプローチをまとめて、彼の特徴的なアプローチにしていきます。

これらのモデルには以下の内容が含まれています。

①ジョン・ホイットモアによって広められたGROWモデルは、目標や目的を明確にすることから始まり、今の現実、現在から要求されている目標に移行するための機会、そして、集団や個人の行動を計画することを提唱しています。

②タックマン、ジョーンズ、ガーシックを参考にした、未熟なグループから効果の高いチームへの開発段階のモデル。これらの開発段階にはタスクとプロセスの両面があることを示します。

③経験学習サイクルは、もともとデービッド・コルブによって開発されたものですが、その後、私を含む多くの著名な作家によって開発されました(Hawkins and Smith, 2013※1)。これは、チームに起きたことを振り返り、経験に基づいて新たな思考を展開し、新たなアプローチを計画し、実際にそれらを実践して新たな内省《ないせい》につなげるというバランスをとるのに役立ちます。私は、多くのチームが、学習サイクルの一つのセグメントだけに焦点を当てると、限定的なアプローチに陥《おちい》ることを示しました(Hawkins and Smith

※1 *"COACHING, MENTORING AND ORGANIZATIONAL CONSULTANCY SUPERVISION, SKILLS & DEVELOPMENT"*2nd edition,Peter Hawkins and Nick Smith, Open University Press, 2013

2013 : pp153-154 ※1)。

④さらに、私が過去12年間(Hawkins 2011, 2018, 2021※2)に、チームに関する最良の研究のメタ調査と、世界中の同僚たちとの40年にわたる実践の両方に基づいて開発した「システミック・チーム・コーチングの5つの基本原則(5Cモデル)」について説明しています。

また、これらをチーム自体が、あるいはチームコーチが、チーム育成を支援する際にどのように適用できるかを説明しています。キリンビール、京都トヨタ自動車、国際バカロレア認定校など、様々な組織の事例が紹介されています。

今ほど、チームの「型」を学び、その達人になるためのコーチングが求められている時代はありません。西洋の個人主義と競争的資本主義が気候危機を煽《あお》り、人類だけでなく地球全体を生態系崩壊の崖《がけ》っぷちに追いやっています。前進するためには、すべてのチームがその総和以上の機能を発揮する必要があります。また、すべての組織で「チーム・オブ・チームズ」をつくり、組織の境界を越えた効果的なパートナーシップの「型」を学び、組織のすべてのステークホルダーとの間に、また人間と「人間を超えた」

※2 『チームコーチング　集団の知恵と力を引き出す技術』ピーター・ホーキンズ著、田近秀敏監訳、佐藤志緒訳、英治出版、2012年

世界である自然との間に、「ウィン・ウィン・ウィン・ウィン」の関係をつくることができるようになる必要があります。

ピーター・ホーキンズ Ph.D.
システミック・チーム・コーチングの世界的オピニオンリーダー
リニューアル・アソシエイツ会長
バローキャッスル　ラッシュヒル　バース　イギリス
www.renewalassociates.co.uk

2021年8月10日

ピーター・ホーキンズ氏(前列右から3番目)。著者(同4番目)らと

はじめに

会議は嫌われている？

本書のタイトルは、『勝てるチームは会議でつくれ！　チーミングリーダー入門』です。つまり、勝てるチームづくりのコツをお伝えするための本です。同時に、優れたリーダーになるためのヒントも提供します。

しかし、勝てるチームを「会議で」つくるということに、違和感がある方もいるかもしれません。

会議が大好きだという人に出会うことは滅多《めった》にありません。「今日は一日中会議が入っていて、朝からワクワクしています」というような会話はまったく聞かれません。むしろ、「今月は会議ばかりで仕事がはかどらない」とか、「あんな退屈な会議に出る必要はないんじゃないか」のような不満を耳にする機会が多くあります。

特に、昨今《さっこん》、リモートワークが広がる中で、「会議は無駄」という風潮がさらに広まっているように思います。

どうも、一般的に、会議は人々から嫌われているようです。


会議に関して多くの人々が持っている印象といえば、

「多すぎる」

「長すぎる」

「一方通行」

「何も決まらない」

「皆の前で怒られてストレス」

「自分が参加する意味がない」

などでしょう。

しかし、まったく会議なしで会社を経営し、組織を運営するなんてことは、あり得ません。だから、仕方なく会議に参加している。

そんな方が多いのではないでしょうか。

確かに、無駄な会議はなくすべきです。

しかし、会議自体が無駄なものというわけでは、決してありません。**本書で紹介する方法で運営すれば、会議は意味のあるものとなり、人や組織を成長させる場となります。**

私はこれまで、キリンビール株式会社、メルシャン株式会社、京都トヨタ自動車株式会社、技術商社の株式会社マブチ・エスアンドティーなど、数多くの企業の会議の変革を指導してきました。

そして、会議が変わったことで、組織が目を見張るような成果を上げる場面を何度も目にしてきました。

まずは「型」を身につけることから

会議を変えるためには、まず、「型」を身につけることが必要です。

俳人の黛《まゆずみ》まどかさんが、2021年5月22日付の『日本経済新聞』の「あすへの話題」というコーナーに、「企業経営と『型』」というコラムを書かれていました。

日本の伝統文化が「型」を身体に覚えこませるのは、行動規範を身につけ、「想定外」への対応力を高めるためだ。「型」は束縛《そくばく》ではなく、むしろ、一度体得すれば自由に応用できる。俳句も同じで、「型」があればこそ、たった17音節で壮大な世界を描くことができるのだ、という内容でした。

それを読んで、かつて『全国こども電話相談室』（ＴＢＳラジオ）の回答者でもあった教育者、無着成恭《むちゃくせいきょう》さんのエピソードを思い出しました。

「型破りと型無しの違いは何ですか？」という子どもの問いに対して、無着さんは、こう答えたということです。

「基礎がしっかりできていて、そのうえで型やしがらみを打ち破ることが型破りで、基礎も何もできていないのに、あれこれとやることを型無しと言うんだよ」

剣道でも茶道でも、入門すると、基本動作としての「型」を覚える長い学習過程があります。「型」の学習をおろそかにしておいて、「個性を大事にしたい」などと言うことはあり得ません。それは、個性ではなく、単にその人のクセです。

「型」を徹底して覚え、そのあとに多くの経験を積む中で、応用する柔軟性が身につきます。そして、さらに習熟していく過程で、真の個性が薫《かお》り立ってくるのです。

会議も同じです。**運営方法の「型」を身につけることで、限られた時間内で物事の決定に至る、生産的な会議にすることができます。**

さらに、**「型」をしっかりと身につけた人が会議をリードすれば、参加メンバーの主体性が高まり、人も組織も成長していきます。**

「チーミング」とは何か

本書のタイトルには、「会議」と、もう一つ、「チーミング」というキーワードが入っています。聞きなれない言葉でしょうが、「チーム」の進行形ですから、何となくイメージが湧《わ》くかもしれません。

チーミングは、『チームが機能するとはどういうことか』（英治出版／原書のタイトルは〝*TEAMING*〟）を書いたエイミー・C・エドモンドソン博士（ハーバード・ビジネス・スクール教授）の造語です。

「簡単に言えば、チーミングとは、新たなアイデアを生み、答えを探し、問題を解決するために人々を団結させる働き方のことだ」（同書）と、彼女は定義しています。

そして、「ただし、チームをつくることを、人々は学ばなければならない。大半の組織において、ひとりでには生まれないためである」（同書）と続けます。

公式な会議であれ、非公式な集まりであれ、チームとして作業をしなくてはいけない場面では、参加メンバーがリーダーシップを発揮して、この「チーミング」を行なう必要があります。そうでなければ、その集団は単なるグループであり、チームではありません。

では、グループからチームへの成長を促《うなが》すには、どのようなコミュニケーションをとればいいのでしょうか。

本書では、「会議」という切り口から、チーミングを行なう優れたリーダーになるための様々な「型」と手法をお伝えしていきます。

本書の構成

第1章では、会議の可能性について触れます。

第2章では、ワンオンワン・ミーティングを扱います。1対1の会議、つまり面談の基本的な「型」を理解すると、集団での会議のリードに関するヒントが得られます。

第3章では、会議の「型」を学びます。単なるファシリテーションではなく、会議の目的によって異なる「型」を選択することが可能になるでしょう。

第4章では、グループの成長段階とそれらの特徴について説明します。最終的に目指すのは、グループが「効果的なチーム」に変容することです。

そして、最後の第5章では、会議の「型」を熟知している「チームコーチ」が、どのように組織能力の開発に貢献するのかをお伝えします。

勝てるチームは会議でつくれ！

チーミングリーダー入門

目次

第2章

装幀——山之口正和（OKIKATA）

第1章

会議は「経験学習」のための場である

「会議は、謎めいたパラドックスだ。
一方では、極めて重要であり、あらゆる組織の中核となる活動である。
他方、会議は苦痛を伴うものである。
いらいらするほど長たらしく、一見、無駄に思える」

——パトリック・レンシオーニ
(『もしもハリウッド監督が会議を仕切ったら?』東洋経済新報社)

「三人寄れば文殊の知恵」にならないのはなぜか

本章では、会議には人と組織を成長させる大きな可能性があることをお伝えしたいと思います。

しかし、世の中の会議の多くはそうなっていないのが現実です。

たいして良いアイデアも出ず、何となく時間が過ぎていく。結局、議論が深まらないまま、「この件については全員の同意を得られたということでよろしいですね」と、あやふやな結論で終わってしまう……。

こんな会議をいくら開いたところで、人も組織も成長しません。

「三人寄れば文殊《もんじゅ》の知恵」と言われるくらいですから、「複数人が集まって話し合ったら、一人で考えるよりもずっと優れたアイデアが出てきて、間違いのない素晴らしい決定に至る」のが当然のようにも思えます。

しかし、現実にはそうはなっていません。

雑談ならともかく、はっきりとした議題があり、その解決のためにわざわざメンバーが集まっているはずの会議で、「文殊の知恵」に至らない原因は何でしょうか。

アジェンダを決めないまま会議を進めてしまう、ファシリテータなどの役割分担が適切でないなど、会議のデザインに問題があることも多くあります。そうした問題点についても第3章で取り上げますが、まず指摘しておきたいのは、心理的な原因です。見落とされがちですが、とても重要なポイントです。

心理的な原因の一つ目は、**会議では「大きな声」の意見が通ってしまいがち**だということです。

たとえば、「私は営業経験30年になるからわかるけど、こんなアイデアはこの業界では通用しないんだよ」などと経験豊富な先輩に言われたら、経験が不足している側は、「自分が間違っていたらどうしよう」とか「皆の前で強く批判されたくない」という恐れの感情から、自分の口を閉ざして責任の回避に動いてしまいます。

二つ目は、大勢《たいせい》が決まった雰囲気を感じると、それとは別の意見を持っていても、「今さら覆《くつがえ》すことはできない」と腰が引けてしまうことです。いわゆる**「同調圧力」を感じてしまう**のです。

そして、三つ目は、**評価への恐れ**です。人事考課に影響のある人物や社内政治的に敵に回すわけにはいかない人物などが参加していると、「しゃしゃり出るのは避けよう」という意識が働きます。

要するに、私たちは「人の目」を恐れているのです。

実際、ある上場企業の執行役員クラスのチームコーチングをしているときに、こんな場面を目の当《ま》たりにしました（詳しくは第5章で説明しますが、「チームコーチング」とは、プロのコーチがリードする、単なる「グループ」を成果を上げる「チーム」へと変容させる会議のことです）。

メンバーの一人が重要な発言をしている最中に、たまたま、その場の最上位者が大きく咳払《せきばら》いをして腕を組みました。その瞬間、発言者の話の内容と声のトーンが急に変わってしまったのです。それだけでなく、参加メンバーたちも一斉《いっせい》に息を呑《の》んで床に目を落としました。

まるで役者たちが大げさに振る舞うテレビドラマを見ているようでした。

彼らが会議の成果よりも「人の目」を気にしているのは明らかでした。このような会議から、素晴らしい結論が出るわけがありません。

私の恩師である松下幸之助さんは「衆知経営」ということをよく話されていました。「企業も国家も、衆知を集めて経営する必要がある」ということです。

当時20代後半だった私は、「多くの人々の意見に耳を傾けて、それによって知恵を集めて経営に当たればいいんだな」と単純に考えていましたが、実はそれは、そう簡単なことではないのです。

人も組織も成長する会議とは、どんなものか

このような会議では、生産性が上がらないのはもちろん、人も組織も成長しません。

では、どうすればいいのか。

ここで、知っておいていただきたい言葉があります。**「経験学習」**です。

「計画と実行、そして、その振り返りのサイクルによって人や組織は成長する」という理論で、会議で言えば、「参加メンバーが自発的に発言して、会議で話し合ったことを実行し、それを踏まえて、また会議で活発に議論をする。この繰り返しによってこそ、

人も組織も成長していく」というものです。

会議を経験学習の場にすることが、会議で人や組織を育てることにつながります。

経験学習とはどういうものか、デービッド・コルブの「経験学習サイクル」のモデルに基づいて、もう少し説明しましょう。

コルブの経験学習サイクルは、「経験」→「振り返り(内省)」→「概念化」→「計画」という四つの段階が連続しているモデルです(David Kolb, "*Experiential Learning*"参照)。

①経験

プロジェクトなど、計画されたことへの従事、あるいは予期せぬ出来事によって、経験をします。

②振り返り(内省)

職務への従事からステップバックして、何がなされ、どう体験したかを振り返ります。他の人たちにそれを伝えたり、フィードバックによって、お互いの学びに影響を及ぼしたりすることもあります。

③概念化

具体的な事例から、他の状況でも通用するであろう普遍的な原則を引き出す思考作業です。これにより、学びが深まります。「要点を理解する」と言ったらわかりやすいでしょうか。「コツをつかむ」のも、この作業によるものです。また、概念化をすると、単なる自説を超えて、人々と議論しやすくもなります。

④計画

得られた新しい理解を未来での

図1-1　コルブの経験学習サイクル

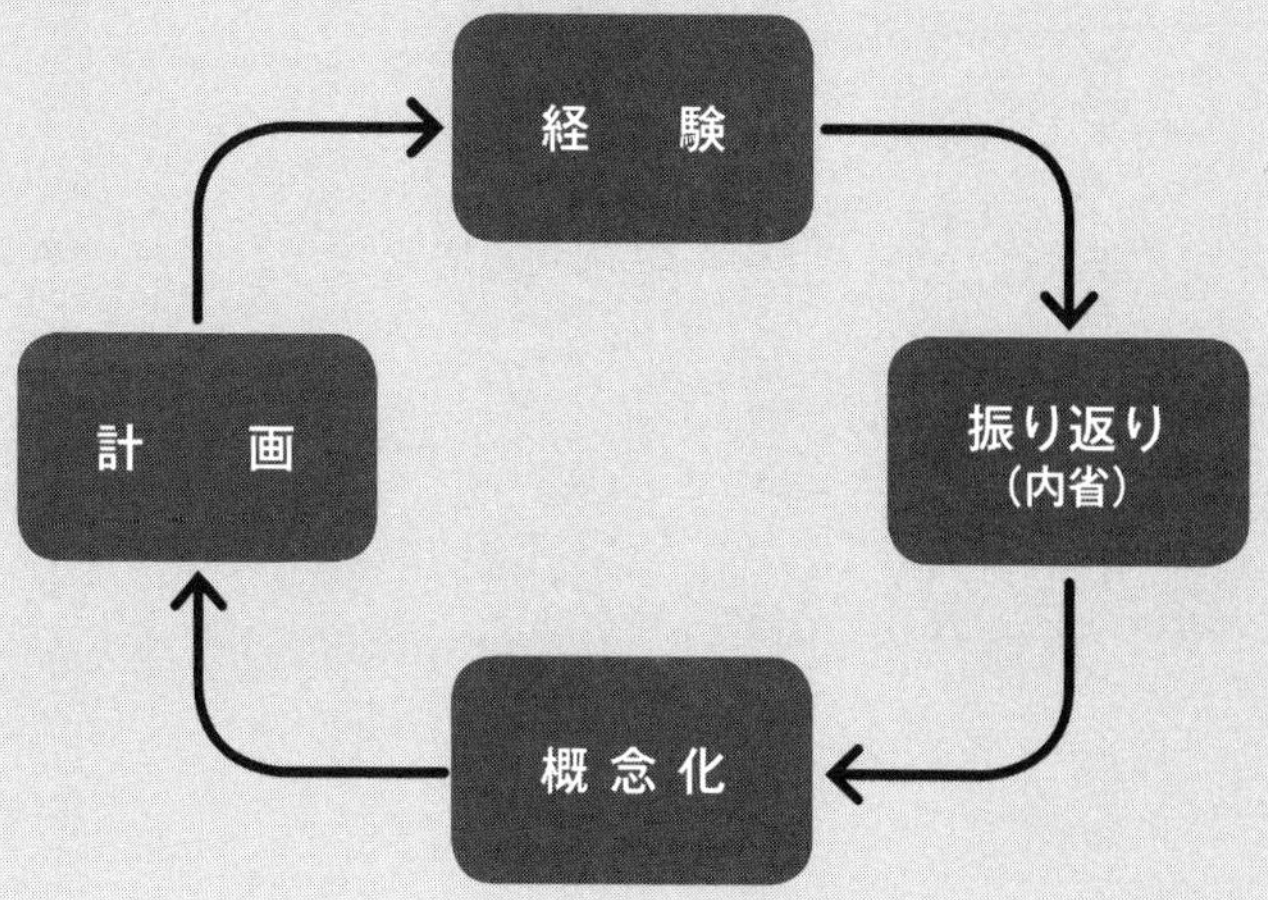

経験につなげることです。

経験学習のプロセスは、新しい学びや発見が実際に行動に移されるまで完成しません。行動に移すと、それ自体が新たな経験になり、サイクルが再び回り始めます。

人は、最初の段階では、新しい状況であっても、慣れていて確立されたパターンの振る舞いで対応しようとします。

そして第2段階で、「成功するためには、このまま続けていいのだろうか」と内省しつつ、他のパターンの可能性も考えます。ここで、効果的なパターンと効果的ではないパターンとの区別を始めます。

第3段階では分析的アプローチをします。古いパターンが壊れ始め、新しいパターンが形成され始めます。

そして、第4段階で新たなパターンを形成します。新しい状況に対して、どのような新しいアプローチややり方で臨《のぞ》むのかを決めて、それを強化していくのです。

繰り返しと補強を通して、新しいパターンが定着し、徐々に古いパターンと置き換えられていきます。

こうして、人も組織も成長していきます。

多くの会社で行なわれている会議は、単に実績を振り返るだけの「報告会」になってしまっていたり、思いつきを述べ合うだけで誰もそれを実行しない「言いっぱなし」になってしまっていたり、反省はしてもそれを次に活かそうとしない「反省会」になってしまっていたりするのではないでしょうか。それでは成果が上がる会議にはなりませんし、人も組織も成長しません。

会議を、参加メンバーの経験を振り返り、概念化して、次の経験に活かせるように計画する場にすること。これが、本書が目指す「本当に効果のある会議」です。

そして、**経験学習サイクルを早く回し続け、望ましい成果を手にするまでグループを変化させ続けること。**これが、本書で目指すもう一つのゴールである「チーミング」です。

なお、アイデアを出し合うブレインストーミングのための会議もありますが、それについては本書では扱いません。

経験学習には「心理的安全性」が不可欠

では、会議を経験学習の場にするためには、どうすればいいのか。

カギとなるのは、「心理的安全性」です。

「周りと違う意見を述べたとしても嫌な顔をされない」と会議に参加しているメンバーの大多数が感じられている状態を、「心理的安全性が高い」と言います。

チーミングと同じく、心理的安全性という言葉を生み出したのも、エイミー・C・エドモンドソン博士です。

彼女によると、心理的安全性が低い状態の組織のメンバーは、次の四つの不安を常に持っています。そして、これらの不安があると、メンバーは意見を口にしたり、思い切った行動をとったりすることに制約がかかり、対話の質やチームの生産性が低下する可能性があると指摘しています（エイミー・C・エドモンドソン著『恐れのない組織』〈英治出版〉参照）。

①無知だと思われる不安 → 不明点を質問しない
②無能だと思われる不安 → 自分の能力不足やミスを隠そうとする
③邪魔をしていると思われる不安 → 発言を控《ひか》えたり、沈黙したりする
④ネガティブだと思われる不安 → 本心を隠して、否定的な意見を言わないように心がける

心理的安全性は、「ここは安全だ」と宣言するだけでは高まりません。

会議の最初に「他の参加メンバーの発言を批判してはいけない」というグランドルールを共有することは重要ですが、そのような制度やテクニックだけでも不十分です。

正直さが尊重され、チームにとって不都合な報告でも歓迎されること。失敗が許容されること。現状を共有しているときに、あるいは意見を言ったときに、周りからいっさい責められないこと。個人の責任を問うのではなく、組織の問題として現状を捉えて、改善策を共創する場であること。

ファシリテータが、これらに則《のっと》った振る舞いをすることが重要です。

たとえば私は、参加メンバーがあまり発言しないときは、それぞれ意見を付箋《ふせん》に書い

てもらいます。そして、それらをホワイトボードに貼りながら読み上げてもらいます。

そのとき、いっさい批判的なことは言いません。すべての意見を承認していくのです。

すると、どんな意見を口にしても責められないこと、また、どんな意見でも議論や結論に貢献することが実感でき、心理的安全性が高まって、発言が増えていきます。

心理的安全性があるからこそ「快適ゾーン」から出られる

心理的安全性が低いと、会議で決めたことを実行してうまくいかなかったとき、「次の会議で責められるのではないか」という恐れが生じます。そのため、リスクを冒《おか》す必要があるチャレンジを避けようとします。

慣れ親しんだやり方が通用する範囲を「快適（コンフォート）ゾーン」と言いますが、チャレンジしなくてもいい理由を探して、「快適ゾーン」から出ないことを自己正当化するのです。

これでは、組織が高い成果を上げることはできません。

心理的安全性が高まり、失敗が許容される文化だとわかれば、メンバーは快適ゾーンの外へと冒険するようになります。

「快適ゾーン」の外側は「パニックゾーン」です。「パニックゾーン」に出て行くと、十分な経験も知識もない、やったことがないことをしなければならないので、痛い経験をすることになるかもしれません。

それでも、失敗しても批判されず、失敗の経験でも学びになることがわかれば、「快適ゾーン」の外へと踏み出します。

いきなり「パニックゾーン」に飛び込むのは難しいので、実際には、徐々に「パニックゾーン」へと旅をすることになります。

「快適ゾーン」と「パニックゾーン」の中間領域を「ラーニングゾーン」と言います。「ラーニングゾーン」では、新しい取り組みを学習として捉え、どうするとうまくいくのか、うまくいかないのかを試行錯誤しながら、新しいスキルや能力を開発し、新たな状況に対応する力をつけていきます。

心理的安全性が高ければ、「快適ゾーン」の外へと踏み出すことができ、メンバーが成長して、組織の成果が高まるのです。

第1章の学びのポイント

- 経験を振り返ることを通して学習を深め、次のステップに活かせるように会議を行なうことで、参加メンバーの自発性が高まる
- 人は他の人たちからの評価を恐れる。そのため、心理的安全性が低いと、自分を表現することを制限してしまう。衆知を集めるためには、異論・反論が歓迎される場をつくる必要がある
- メンバーを「ラーニングゾーン」に導き、成長を促進するためにも、心理的安全性が高い場をつくらなければならない

Column

自分との対話の「型」その①
Be-Do-Haveサイクル

これまで30年以上にわたって人の成長と組織能力の開発に関わってきました。その経験を通して、自分のビジョンを実現できる人にはいくつかの共通点があると感じています。

まず、「スピーチ能力」「1対1でのコミュニケーション」といった、他の人とのコミュニケーション能力が高い人は、どんな分野においても活躍しているという印象があります。

それに加えて、もう一つ、共通している重要なコミュニケーション能力があります。それは、「自分との対話」です。

質の高い人生を送っていると感じる人は、総じて、「自分との対話」がうまいという印象があります。

何か重要な決断を迫られたときなどに、自分の内面とじっくり語り合いながら、答えを導き出す能力と言ってもいいでしょう。

1対1のコミュニケーションについては、次の第2章で「型」をお伝えします。本書は会議についての本ですが、会議は1対1の対話の延長線上に存在しており、1対1で使える「型」を身につけることが、会議でも役立つからです。

そして、それと同じことが「自分との対話」についても言えます。**「型」を身につけることで、自分との対話――すなわち「自分の中での会議」も、質の高いものにできる**のです。

そこで、各章の間のコラムでは、「自分との対話」に使える「型」を紹介していきたいと思います。

最初にご紹介するのは、「Be-Do-Haveサイクル」です。

「Be」とは、自分の内側の状態を言います。

「Be happy.」や「Be unhappy.」のように、Beのあとに続く言葉は状態を表します。

このBeを良い状態にしておくこと、**人生の成功を引き寄せるうえで、とても大事**です。内的状態のマネジメントは、リーダーにとって欠かせない能力なのです。

気分が良い状態にしておく力を育てることは、

そのためには、自分のありたい姿や実現したいビジョンを描いて、それに相応《ふさわ》しい在り方を選択する習慣が必要です。

ビジョンは、はじめは頭の中に存在しています。これを絵に描いた餅《もち》にせずに、実在の世界に生み出すためには、Ｄｏを選ばなくてはいけません。

Ｄｏは選択肢が多いほど柔軟になります。

ビジョンは簡単には実現しないので、途中経過で、自分がどこにいるのかに気づく必要があります。そして、うまくいっているのであれば続けるし、うまくいっていないと気づけば、やり方を変えることになります。

そのＤｏの結果が、Ｈａｖｅになります。

Haveは、どのような結果であったとしても、一つの達成です。「こういうやり方を選ぶとこういう結果になるのだ」ということがわかったという意味で、達成なのです。結果がＢｅの段階で自分が思い描いたものに近いと、「勝利を手にした」という充実の体験となり、記憶に残ります。

そして、ＨａｖｅはＢｅに影響を及ぼします。

Ｂｅ→Ｄｏ→Ｈａｖｅ→Ｂｅ→Ｄｏ→Ｈａｖｅというサイク

ルを、すべてが肯定的になっていくような善循環にするのか、自信を失っていくことになる悪循環にするのかで、人生のクオリティが変わっていきます。

「自分には価値があり、豊かな人生を送るのに相応しい」という信念を持つことができた人は、Ｈａｖｅを通して「私は本当に価値があり、自分で決めたことを成し遂げるだけの力がある人だ」という自己イメージを補強することになり、Ｂｅそのものが肯定的に強化されていきます。

結果はコントロールできません。コントロールできるのは行動です。望ましい結果につながる振る舞いや行動を選択する力が必要です。

「何かを成し遂げ、自他ともに認める成功を収めたら、自分や家族は幸せになれる」と思い込んでいる人がいます。しかし真実は、幸せな人が、自分が望む成功への旅を歩むのです。**幸福は内的状態であり、自分で選ぶことができます。**

自分への不足感や欠落感が大きいと、それを埋め合わせようとします。その不足感が否定的な自己イメージをつくります。

このサイクルで成長するように意識していると、善循環に入りさえすれば、自己肯定感と自己効力感の両方が強化されていきます。

第2章

「ワンオンワン・ミーティング」は2人だけの会議

「コーチするということは、顔つき合わせて、じかに部下を指導することだ。経歴、能力、経験、興味がまったく違う部下を束ねて、自立心をつけさせ、高い業績を維持するよう元気づけ、一人前の仲間、同僚としてあつかうことを意味している。部下に親身になって気をくばること——彼らを心から信じ、気づかい、同胞として認めること——なのだ」

——トム・ピーターズ
(『エクセレント・リーダー』講談社)

「ワンオンワン・ミーティング」もれっきとした会議

会議の運営方法の話に入る前に、本章では、まず「ワンオンワン・ミーティング」について解説したいと思います。

ご存じの方も多いと思いますが、「ワンオンワン・ミーティング」とは、1対1での対話のことです。上司と部下の間で定期的にワンオンワン・ミーティングをすることを制度化している企業も増えています。

なぜ、会議の本なのにワンオンワン・ミーティングの話をするのか、疑問に思われるかもしれません。でも、ワンオンワン・ミーティングとは、その名の通り、「ミーティング」＝「会議」なのです。参加メンバーは2名だけですが、れっきとした会議です。

そして、ワンオンワン・ミーティングも会議である以上、そこで使える「型」は、参加者が何人になっても共通です。つまり、**同じ「型」で、多人数の会議もワンオンワン・ミーティングもリードすることができる**のです。

2人の会議でも、5人の会議でも、10人の会議でも、やり方は一緒だということです。

まずは1対1の会議の「型」を知ることが会議の達人への近道であり、最適な練習の機会にもなるのです。

ワンオンワン・ミーティングでは「コーチング」の技術が必須

さて、このワンオンワン・ミーティングは、現在ではちょっとした流行《はや》り言葉になっているようです。前述のように多くの企業でワンオンワン・ミーティングが導入されているのですが、実際には「何をやったらいいのかわからない」「やってみたけれど、うまくいかない」という声が至る所から聞こえてきます。

なぜそうなるかというと、「コーチング」の技術がないからです。

ワンオンワン・ミーティングを行なう際に取るべきコミュニケーションはコーチングなのですが、ワンオンワン・ミーティングとコーチングとはまったく別のものだと考えている人が多いのです。

コーチングを一過性のトレンドだと勘違いしている人の中には、「コーチングの次はワンオンワン・ミーティングだ」などと言っている人もいますが、そもそもこの二つは不可分のものです。

コーチング、より正確にはビジネス・コーチングは、「企業などの組織の管理監督者、あるいは先輩が、メンバーの指導・育成のために行なう相互の関わりを通して、対象者の目標達成、問題解決、技能向上を促進することを目的とするコミュニケーション」と定義できるでしょう。

　重要なのは相手の自主性であり、人を動かすのではなく、相手が自分で動くように支援するものです。

コーチングの技術は、ワンオンワン・ミーティングで使えるのみならず、会議でも役に立ちます。1対1でのコーチングの「型」を身につければ、会議でのコミュニケーションは、その応用です。ワンオンワン・ミーティングがうまい人のほうが、会議のファシリテーションも上手です。

とはいえ、この説明だけで「具体的に何をやればいいのか」がわかる人は、ごくわずかでしょう。それを端的に表すとすれば、**「相手の話をよく聞く」「相手をもっと深く知るために適切な質問をする」**となります。

ここで少し、昔話におつきあいください。

今でこそ広く知られるようになったコーチングですが、私が初めてコーチングと出会った1990年当時は、日本ではまだほとんど知られていませんでした。

この年、私はビジネストレーニングと公開学習コースを開催するある会社に入社し、人材育成と組織開発の分野でのキャリアをスタートさせました。この会社のオーナーはアメリカ人で、筆頭副社長もジェフリー・コズビーさんというアメリカ人でした。

入社して1年目に、そのコズビーさんと面談をした際、彼は私に「あなたの仕事の本質は何でしょうか?」と問いかけてきました。

私は、「仕事の本質」という言葉が気になりながらも、自分の業務内容を話しました。彼は私の話を黙って聞いていましたが、その後、おもむろに口を開きました。

「あなたの仕事の本質は、クライアントをコーチングして、彼らを勝たせることです」

これが、私とコーチングとの出会いでした。私はとっさに、「コーチングって、何をするのですか?」と聞きました。

彼はあごに手をやり、ゆっくりと話し始めました。

「セミナールームの中だけでは、クライアントの世界を真に理解することはできない。受講生と個別に会いなさい。ワンオンワンで彼らの話をよく聞き、そして良い質問をするんだ。彼らはあなたの質問に答えてくれる。その答え方と内容に応じて、あなたならばどのように支援するのかを知ることができる。コーチングとはそういう会話のプロセスであり、アメリカでは注目されている」

そこで私は、受講生とのアポイントメントを朝から晩まで入れていきました。コーチングについてのコズビーさんの説明はあまりに簡単なものでしたが、「相手の話をよく聞く」「相手をもっと深く知るために適切な質問をする」ことを意識して、何度もミーティングを重ねていきました。

最初は手探りでしたが、徐々に成果が現れてきました。受講生が私を信頼してくれるようになり、自分のことを正直に話してくれるようになったのです。

すると、私が投げかける質問によって受講生の思考の方向が変わり、問題解決や自己実現の答えを自ら見出すようになりました。しかも、自分で発見した答えですから、自主的に解決のための行動を選択するようになっていきました。

当時はコーチングについてのテクニック集などもなく、簡単に知識を得られなかったのですが、それが功《こう》を奏《そう》しました。「相手の話をよく聞く」「相手をもっと深く知るために適切な質問をする」という基本をもとに、多くの経験を積むことで、どうすればうまくいくかの自分なりのコツを整理することができたからです。

「問い」で深層構造から情報を引き出し、ともに答えを創造する

今では日本でもコーチングがかなり広まっていますが、それだけに断片的な知識ばかりが先行することもあり、コーチングに対する誤解も生じているように感じます。

たとえば、コーチングでよく使われる言葉に「答えは相手の中にある」というものがあります。そして、それを引き出すのがコーチの役割だ、と言われます。

しかし、この言葉を表面的に捉えてしまっては、真の答えには到達できません。

実際、振り返ってみると、**私と面談したクライアントで、最初から答えを持っていた人など、ほとんどいなかった**ということに気づきます。

困難な状況の中にいる人は、その問題の真因になかなか気づくことができません。そ

のため、自分では答えがわかっているつもりでも、その答えは表層的なもので、実行に移してもうまくいかないことがほとんどです。

むしろ、「コーチとともにクライアントが答えを創造する」と言ったほうが真実に近いと思います。


もちろん、「答えを創造する」というのは、そう簡単なことではありません。では、どうすればいいのかというと、**まずは答えに行きつくための情報を相手から得る**ことが必要です。それも、表層的な情報ではなく、より深い「深層構造」から得られた情報です。

実際に話された言葉や書かれた言葉のことを「表層構造」と言います。その表層構造の奥には「深層構造」が存在します。これは、人間の五感から来る情報、つまり、映像、音声、感情を含めたフィーリング、さらには味や匂いも蓄積された豊かな世界です。

この情報豊かな世界にこそ、ヒントがあります。

そこにどのようにして辿《たど》り着くのか。

「問い」によって、辿り着くのです。

たとえば、

「メンバーが皆、指示待ち状態で、主体性に欠けているのです」

と言っているクライアントがいたとしましょう。これはあくまで「表層構造」です。

この発言に対して、

「メンバー全員ですか？」

「何をもって主体性に欠けていると判断しましたか？」

と問うていくと、どのような答えが返ってくるでしょうか。

「いや、皆というか、特にM君とY君ですかね」

「なんでそう思ったのですか？」

「前回の面談で、他のメンバーは私に対して提案をしてきたのですが、この2人はアイデアを持っていなかったのです。それで私は、『面談の準備くらいして来てくれ』と不満に思ったのです」

いかがでしょうか。このくらい具体的な情報を深層構造から引き出すことができれば、「この2人に対して準備を徹底するよう指導する」「この2人が、なぜ準備をしなかったのかをヒアリングする」など、具体的な対応策が明らかになります。

もう一つ、例を挙げましょう。

クライアントが、

「メンバーに、一緒に仕事をしていて、充実感のある日々を過ごしてほしいのです」

と発言したとします。これが「表層構造」です。

そこで、

「素晴らしいですね。ところで、メンバーが充実感のある日々を生きているかどうかというのは、どうすればわかりますか？」

と問います。

それに対して、

「会議の中で積極的な発言があり、時には議論になることがあっても『達成のための対立なのだ』とお互いにわかっているから、人間関係はむしろよくなっていく。そして、協力し合って、チームとして連帯して目標を達成し、祝杯を挙げる、というようなシーンが見られたら、彼らは充実していると思えますね」

といった答えが返ってくれれば、深層構造から情報が引き出せたと言えるでしょう。

ポイントは、この場合の「祝杯を挙げる」といったように、**まるで映画を観ているかのような生々しいシーンがイメージできる**かどうかです。そうしたシーンを引き出すまで、質問を繰り返す必要があります。

「答えは問処に在り」

「答えは問処《もんしょ》に在り」という禅の言葉があります。
ユング派の臨床心理学者であった河合隼雄さんは、こんなことを書いています。

「禅の『答えは問処にあり』という言葉を私は好きである。質問者の臨床経験を反映しつつ、各質問にはすでに答えが含まれているのだ。それでも、私は私なりに答えてみた。そして、おもしろいことに私の答えは、そこで終わるものではなく、あらたな問いを喚起するようなものになっている。質疑応答は終わることなく続く。これが心というものである」

河合隼雄著『人の心はどこまでわかるか』講談社+α新書

問うと、思考が深まり、さらに問うことになります。これを続けると、問いとともに生きることになります。どれほど問い続けるかによって、時を経て、得られる答えの深さが変わってきます。

解決策の創造に至るためには、まさにこの「問処」＝問いが必要なのです。

人間の脳は毎秒２００万バイト以上の情報を処理するスーパーバイオコンピュータのようなものだと言われています。

質問を受けると、脳は検索モードになって、巨大な図書館のような深層構造のデータベースから答えを探し始めます。すぐに答えが見つかる場合もあれば、時間がかかる場合もありますが、脳は答えを発見するまで時間をかけて検索し続けてくれます。

適切な質問を出すことで、相手は自分でも意識していなかった答えを見つけ出し、自分自身の在り方や生き方を創造していくのです。質問のクオリティが人生のクオリティを決定すると言っても過言ではありません。

インタビュー番組を見ていて気づくことは、スポットライトが当たる主役はインタビューを受けているゲストですが、その場をリードしているのはインタビュアーだということです。インタビュアーが、質問を発することによって、リーダーシップを発揮しているのです。

質問とは、実は指示のようなものです。「質問に答えるように、自分の思考を働かせなさい」という指示です。**問いに答えるために、相手は思考を働かせる**のです。

ということは、問いの流れが会話の流れをつくるということです。

優れたコーチの特徴の一つは、適切な質問をする能力があるということです。**質問はコーチングで最も重要なスキルです。そして、奥が深いものです。**

「聞き上手」がコーチング上手ではない

質問によって得られた相手の答えについて、つい、「これは違うのではないか」「私はそうは思わない」といった思いが芽生えることがあるかもしれません。しかし、まずは相手の答えを素直な心で傾聴《けいちょう》することが重要です。

人間は固定観念のかたまりです。真実を知りたいという気持ちよりも、「自分は正しい」と思い込みたい気持ちのほうが強い。ですが、無意識にそうした正しさを握りしめているうちは、発見や気づきは起きません。ですから、**まずは自分の固定観念を脇に置き、素直な心で相手の答えを傾聴する**ことが大切なのです。

こうした話をすると、「コーチングとは聞き上手になることだ」と考えてしまうかもしれません。しかし、これもまた、コーチングに関してよくある誤解の一つです。

もちろん、適切な相槌《あいづち》を打ったり、相手の思いに共感する姿勢を示したりすることで、相手が話しやすい環境をつくることは重要です。素直な心で相手の答えに耳を傾け、相手の良いところをたくさん認めれば、「あの人は聞き上手な人だ」という評価を得ることができるでしょう。

しかし、それだけではコーチングにはなりません。


特にワンオンワン・ミーティングの場においては、仕事上の問題からキャリアや人間関係の悩み、上司への提案、個人的な成長課題など、様々なテーマが話されます。そこで、**相手に対して共感的傾聴姿勢をとっているだけでは、出口のないおしゃべりや愚痴《ぐち》話につきあうだけになってしまいます。**

最近、ワンオンワン・ミーティングを制度化している企業の幹部社員に対してエグゼクティブ・コーチングを依頼される機会が増えていますが、彼らからも、「ワンオンワン・ミーティングの際に、『部署を異動させてほしい』とか『もっと人員を増やしてほしい』などの相談にどこまで対応したらよいのか戸惑っている」という相談を必ず受けます。「聞き上手にならなくてはならない」という意識でワンオンワン・ミーティングに臨んだ結果、部下の愚痴や悩みへの対処ばかりに時間がとられてしまっているのです。

それでも、部下の気持ちに寄り添い、理解を示すことで、結果的に離職率を低減することには役立つかもしれません。心理的安全性が高ければ、部下が心を開いて本音を語ってくれることもあるでしょう。それによってメンバーのストレスが軽減して、「気持ちがすっきりした」という変化がもたらされるかもしれません。

カウンセリング面談であれば、それで十分でしょう。

しかし、ワンオンワン・ミーティングは、仕事の成果を出すために、業務時間を使って行なうものです。

そこで、「問処」＝問いが重要になるのです。

ワンオンワン・ミーティングの「型」その❶　GROWモデル

ここまで述べてきたように、相手から適切な答えを引き出すためには、適切な「問処」＝問いが必要となります。

では、どのような問いを発すればいいいのか。

適切な問いを発することができるようになるためには、まず、そのための「型」を身につけることがスタートとなります。

最初に紹介するのは、**期初に目標を設定したり、その後、進捗《しんちょく》を確認しながら改善策を策定したりするために使う「型」である「GROWモデル」**です。

GROWモデルは、1992年に出版された"*Coaching For Performance*"（邦訳は『潜在能力をひきだすコーチングの技術』日本能率協会マネジメントセンター）の中で紹介されました。著者はコーチングのパイオニアの一人で、元カーレーサーのイギリス人、ジョン・ホイットモアです。

GROWモデルは、

- **目標（Goal）**
- **現状把握（Reality）**
- **選択肢（Options）**
- **意思決定（Will）／まとめ（Wrap up）**

の四つのフレームから成っています。シンプルですが、とても役に立つ「型」です。

目標

では、具体的な例を使いながら、GROWモデルによるコーチングについて説明していきましょう。

まずは、正しい方向にスタートを切ることが大事です。そのために、**会議のアジェンダを明らかにすることから始めてください。**

たとえば、

「計画通りに進んでいない現状からの改善策を共有したい」

「実績を上げるために、今はどのような戦略に基づいて、どのようなスキルを身につける必要があるのかを明らかにして、計画しよう」

「プロジェクトを達成するために、どのようにチームのメンバーの意欲を引き出すのかを考えたい」

というようなことです。

上司がアジェンダを設定することもありますが、**部下の相談からアジェンダを設定す**

ることもあります。たとえば、

「最近、業績が伸び悩んでいる。その原因を探りたい」

「どうも最近モチベーションが落ちているようなので、その解決策を見つけたい」

といったものです。

アジェンダに合意を得たら、GROWモデルのフレームワークに従って問うていくプロセスになります。


では、具体的な会話例で見ていくことにしましょう。

A：「Bさん、ひと休みしようか、30分間くらい。……最近の君を見ていると、何らかの問題が起きているように思えるんだ。たぶん援助ができると思うよ」
B：「ありがとうございます。……今の仕事を始めて、そろそろ1年が過ぎようとしています。多くの時間を会議に費やしてきたのですが、議論に進展が見えないのです。たぶん、何か間違っていることをしているのだと思うのです」
A：「そうか。私は今、20分くらい時間がとれるんだ。どうだろう、君にとって何が必要かを見てみようじゃないか。

でも最初に、**君のゴールは何かな？** 会議のマネジメント全般に関してだけではなく、特にこの20分間でのゴールは？ ……別の言い方をすれば、もし私がこのセッションのための議題を一つだけに絞るとしたら、それは何だろうか？」

B：「会議をもっとうまく運営するための簡単なチェックリストを手に入れることでしょうか」

A：「そうか。君は私たちがそれを20分間で達成できると思う？」

B：「やりましょう。失うものはないし……。何か解決策が見つかると思います」

目標（ゴール）は、ワンオンワン・ミーティングで望む到達地点です。目標が曖昧《あいまい》だと、そのあとに続くステップが難しくなります。なので、この会話例でも、冒頭で「君のゴールは何かな」という問いを発しています。

1回のセッションでは、会話が終わるまでに到達する地点が目標になります。

一方、継続的にコーチングを行なう場合は、何回ものセッションを通して目標に向かいます。

この例では「君のゴールは何かな？」と単刀直入に聞いていますが、すぐに答えが出てくるとは限りません。ケースに応じて、次のような質問を使い分けるといいでしょう。

目標を設定するための質問

◆「これから最も話したいことは何ですか？」
◆「この面談を成功させるとしたら、どんな結果にしたいですか？」
◆「私たちが一緒に過ごす時間を使って生み出したいことは何ですか？」
◆「他の人に頼るのではなく、あなたが何をするのかということだけに絞ったら、そのゴールはどのように言い換えることができるでしょうか？」

長期の目標を設定するための質問

◆「あなたが達成したいことは具体的に何ですか？」
◆「この分野での仕事の結果として、どんな違いをつくりたい？」
◆「そのゴールをどのようにしたら計測できるかな？　それがわかれば、いつあなたが達成したかがわかるだろう」

◆「いつまでに君はそれをやり遂げたいのかな？」
◆「1カ月か3カ月か、あなたが取り組みたい時間枠の中で、やり遂げたいことは何ですか？」

現状把握

目標を設定したら、次に、そこへと向かう望ましい変化のために、取りかかる現在地点を明らかにします。これが、現状把握です。

現状に主観的で曖昧な印象を抱いている相手に対して、コーチは、現時点で物事がどのような状態なのか、具体的な事実を明らかにします。

A：「会議を運営するためのチェックリストが欲しいということだったけれど、**実際にはどのような現状になっているのかな？**」

B：「そうですね、重要なモレやポカミスがしばしば発生しています。何となく慣れでやっているので、会議のアジェンダを事前に配るのを忘れていた、といったこともありました」

A：「なるほど、アジェンダを事前に配るのを忘れることもあるんだね」

B：「ええ。こうした会議運営に対して批判的な人もいて、『もっと早くデータで送っておいてくれ』『アジェンダを、せめて前日には出してもらえないんですか』なんて詰め寄ってくる人もいます。特に私より年上の部下が数人、そういう態度をとってくることがあります」

A：「数人の難しいメンバーがいるということなんだね。君はどのように会議の中で彼らに対応しているのかな？」

B：「基本的には下手《したて》に出るようにしています。見かねた周りのメンバーが『そこはもういいじゃない』みたいに仲裁に入ってくれることもありますが、下手に出たのをいいことにマウントをとってくるようなこともあります」

A：「厄介《やっかい》なチームメンバーがいるということだけれど、彼らの抵抗を君自身がつくっているかもしれないという視点から、何か気づくことはないかな？」

B：「うーん、確かに考えてみれば、彼らの言うことは正しいですし、事前準備をしっかりして会議に臨みたいという質の高いメンバーだとも言えます。そう考えると、やはりこちらも、チェックリストなどを使ってしっかりした準備をすることで、

「彼らの期待に応《こた》えることもできるかもしれませんね」

最初、Bさんは、「自分の問題は、数人の厄介なチームメンバーを扱う能力が不足していることが主な原因だ」と感じていました。しかし、質問を通して問題を深掘りしていくうちに、会議の事前準備に十分な注意を払ってこなかったことにも気がつきました。

ここで注意してほしいのが、こうした会話をすると、どうしても、自分を責めるほうに流れていく人が多いことです。特に日本人は、謙虚というか、自責の意識が高いので、そうなりがちです。

ただ、そうなるとモチベーションがどんどん下がってしまいます。**問題の原因を深掘りするに当たっては、「そのことを責めているんじゃなくて、今からどう対応したらいいのか、一緒に考えていこう」というスタンスを忘れないことが重要**です。

余談になりますが、日本の組織では、何かがうまくいかないとき、「まず謝れ」みたいな話になることが多い。対応策を話そうとすると、「いや、その前に君はちゃんと責任を感じているのかね」と言われたりするのですが、これはまさに、マウントをとろうとしているわけです。このマウントをとるという意識をなくさないと、対等な目線で物事を話し合うことは、まずできません。

さて、このように目標を設定し、現状を明らかにすると、そのギャップが見えてきます。このケースで言えば、「質の高い会議運営をしたいのに、事前準備が足りないためにそれができていない」ということになります。

このギャップが、モチベーションを生みます。**モチベーションを呼び起こすためには、望ましい状態と現状とのギャップが必要**なのです。

これはコーチングに限らずセラピーなどでも同じです。最初に望ましい状態、あるいは目標と現状とのギャップを明らかにしてから進めることで、人は自然と解決志向になるのです。

『学習する組織』(英治出版)を著《あらわ》したピーター・M・センゲは、こう書いています。

「ビジョン(私たちがありたい姿)と今の現実(ありたい姿に対する現在地)のはっきりしたイメージを対置させたときに『創造的緊張』(クリエイティブ・テンション)と呼ばれるものが生まれる。創造的緊張は、ビジョンと現実を結びつける力であり、解決を求めて自然に引っ張り合う力が働くことで生まれる」

ピーター・M・センゲ著『学習する組織』英治出版

GROWモデルでは、目標という行き先を設定し、そこに至っていない現状を正確に把握することによって、創造的緊張を生みます。この緊張が、モチベーションにつながるのです。

そのためには、質問によって現状を深掘りしていくしかありません。以下は、その際に役立つ質問です。

現状を把握するための質問

◆「先週、何回それをやりましたか?」
◆「今のあなたの売上(現状・進捗・チームの状態・体調)は?」
◆「それが最後に起こったのはいつですか?」
◆「実際に、今日、何をやり遂げましたか? 今週はどうですか?」

◆「誰がこの状況に関係していますか？　どのように関係していますか？」
◆「あなたがすでに試したことは何ですか？　それらの行動の結果はどうなりましたか？」
◆「この件に最も重要な要素は何ですか？」
◆「どのような出来事や選択が、この結果をもたらしましたか？」

選択肢

目標と現状のギャップが見えてきたら、次は、創造的に思考し、リソースを活用して、可能性のある解決策を生み出すプロセスです。

このプロセスでは、つい、こちらが提案をしたくなりますが、それよりも**相手に一生懸命考えてもらいましょう。**

A：「Bさんは、メンバーの問題と会議の事前準備の問題と、どちらの話題に焦点を当てたいのかな？」

B：「会議の事前準備について話したいです。メンバーへの関わり方の前にこれを考えなければいけないようですから」

A：「わかった。では、君の持っているオプションを聞かせてもらおうか。同じような状況で、**どうすればうまくいくだろうか？**」

B：「会議の準備のためにもっと考えるべきことがあると思います」

A：「どういうこと？」

B：「そうですね。現状では、アジェンダを用意して会議の最初に共有していますが、議論のためのトピックスを簡単にリストアップしただけのものです。これからは、私たちが解決しなければいけない具体的な問題の背景にも注意を向けて、それぞれの解決のための仮説を立てるところまで事前にやってみたいと思います。そして、事前にアジェンダをメンバーに配信することで、メンバーの心の準備を促します」

その後も、Bさんは、会議の準備に関するいくつかのアイデアの検討を続けた。

このケースでは比較的スムーズに解決策が出てきていますが、現実としては、そう簡単にはいきません。コーチは様々な方向から問いを繰り返し、選択肢を広げていかなくてはなりません。以下は、そのための質問です。

選択肢を広げる質問

◆「これに関して、あなたは何ができるでしょうか？」
◆「あなたが考えることのできる、他の行動の可能性は何ですか？」
◆「最低でも五つの解決案をつくりましょう。他には何ができるでしょうか？」
◆「もしあなたが無限のリソースを持っていて、そして決して失敗することはないとわかっていたら、何をするでしょうか？」
◆「この障害が取り除かれたら、どうなるでしょうか？　そうしたら、あなたは何をしますか？」
◆「この障害を克服するために何をすることができるでしょうか？　あなたのオプションは何ですか？」
◆「解決のために、どんなリソースを持ち込むことができますか？」
◆「誰の援助が必要ですか？」

意思決定／まとめ

ここまでのプロセスで、いくつかの解決策が出てきました。最後に必要になるのが、**その中でも優先されるべき解決策を、具体的な行動に転化する**ステップです。

このステップがなければ、具体的な行動計画に落とし込まれることがなく、「すぐに対応しよう」という気持ちになりません。

A：「さあ、まとめる時間だ。**『自分はこれを実際に行なう』と決めているものはあるかな？**……では、次のステップは何だろう？……どんなサポートが必要だろう？」

B：「そうですね。……次回の会議のときに私が準備をしていないようだったら、テーブルの下で私に蹴りを入れてください（笑）」

A：「（笑）。でも、できれば君に蹴りを入れなくても済むように、具体的な準備や会議での振る舞い方を決めておこうか。会議の準備のリストが欲しいと言っていたけど、どのような項目を事前にチェックしたいのかな？」

B：「はい、まずは前日までにアジェンダを決め、メンバーに伝えること。それから、議題についてのリサーチを済ませておくこと。それから……」

A：「いいね。じゃあ、それをまとめて、来週までにＴｏＤｏリスト化していくことにしようか」

このように具体的な行動に落とし込んでいくのがポイントです。

その際には、**「何を最初にやるか」の優先順位決めと、それを「いつまでにやるか」のスケジューリングが不可欠**です。この場合は、「来週までにＴｏＤｏリストをつくる」が、それに当たります。

そして、ＴｏＤｏリストが予定通りにできたら、「お、できたね」と承認し、一緒に喜び合うようにしましょう。

こうした**「スモールサクセス」を承認することは、高いハードルに挑《いど》ませようとする際には、特に重要**になってきます。

以下は、意思決定を促すための質問です。

意思決定のための質問

◆「あなたはどのオプションを追求したいですか?」
◆「それをアクションステップにしましょう。いつまでに何をしますか?」
◆「今週中にどんなステップを踏めば、ゴールに近づくでしょうか?」
◆「あなたは何をすることに専念しますか?」

以上、GROWモデルの四つのフレームについて解説してきました。このフレームを使って順番に話を進めていくことで、相手と課題を共有し、その解決策へと導くことができます。

もっとも、相手から相談を持ちかけられた場合などは、まずは現状把握をしっかりしてから、目標設定へと入っても構いません。

なお、GROWモデルのコーチングについては、拙著『[実践]ビジネス・コーチング』(PHP研究所)で詳しく解説していますので、興味をお持ちの方は、ぜひ読んでみてください。

モチベーションのチェックも「質問」でできる

しばしばあるのが、意思決定をしたものの、それに対する意欲や達成への自信に不安を感じているケースです。

そんなときは、「モチベーションのチェック」をしてください。

モチベーションのチェックをする質問

◆「あなたが設定した期限までにこのステップを終える見込みは、1から10のスケールでいくつでしょうか？」

この質問で「8」未満の答えが返ってきたら、自分にとってリスクのある行動を避けているのかもしれません。

「8」以上になるように、たとえば、「なぜ、6と感じるのか」を質問したり、「9にするためにはどうすればいいのかを一緒に考えよう」と伝えたりしてください。そして、障害を取り除くなど、目標に至る確率を高める行動を期限までにやり遂げるよう、力づけましょう。

力づけるための質問

◆「『6』を『8』にするためには、この行動計画をどのように変更したらいいでしょうか？」
◆「このステップを確実に終わらせるために取り除く必要のある他の障害はありますか？」

「エコロジー・チェック」を怠ってはいけない

ワンオンワン・ミーティングがうまくいって、部下の意欲とコミットメントのレベルが上がると、仕事に勢いがつきます。その勢いのまま実行に移すと、良くも悪くも「とんでもないこと」を引き起こすこともあります。

以前、実際にあった例です。

ビール会社の新人営業職がある料亭に営業に行き、ライバル社から生ビールの「大樽《おおだる》」をひっくり返すという実績を上げました。まさに快挙です。

ただ、問屋を通さずに営業に行ったことで問屋の社長が激怒。結果、1年間、そのビール会社の営業職は出入り禁止になってしまったのです。

こうした感情的なしこりは、解決や修復に多大なエネルギーと時間を使うことになります。せっかくの勢いも削《そ》がれてしまいます。

上司が事前にチェックしていれば、「その料亭は問屋がしっかり押さえている店だから、まずは私と一緒に問屋にご挨拶に行こう」と対処できたはずです。

こうしたことを防ぐためには、**コーチングによって導き出された目標や計画が、周囲にどのような影響を及ぼすことになるのかを考えるステップを踏む必要があります。**これを、「エコロジー・チェック」と言います。

エコロジーというと「自然環境」という意味に捉えがちですが、本来的には「周囲」という意味です。

チームに亀裂《きれつ》を生まないために真実を告げること。地域住民に迷惑をかけないこと。

株主に虚偽《きょぎ》の報告をしないこと。検査の不正を見逃さず、発見したら隠蔽《いんぺい》することなく公表して改善の責任をとること。こうしたことも、「エコロジー」への配慮です。
近江《おうみ》商人が大事にしていたという「売り手良し。買い手良し。世間様良し」の「三方良し」に近いものです。

エコロジー・チェックのための質問

◆「これをやり始めたら、誰にどのような影響を与えることになるかな?」
◆「誰かに迷惑がかかる可能性があるとしたら、事前に了解を得ておいたほうがよくないかな?」
◆「達成したらどういうことが起きてくるかな?」
◆「もしも未達で終えたときには、どういう影響があると思う?」
◆「これを実行するとイメージしたときに、あなたは喜んでやっていけますか?」

もしエコロジー・チェックに引っかかりが生じた場合は、実行計画に工夫を加えることをお勧めします。**始める前なら、修正することはたやすい**ですから。

「MBOS」を機能させるにもGROWモデルが不可欠

私が2002年から人材育成で関わっているキヤノン株式会社では、MBOS(Management By Objectives and Self-Control)を機能させるためにコーチングを導入しています。

MBOSは、一般に「目標管理」などと訳されます。簡単に言えば、「目標とセルフコントロールによってマネジメントを機能させましょう」という考え方です。ピーター・F・ドラッカーが1954年に著書『現代の経営』(邦訳はダイヤモンド社)で提唱したマネジメントの手法です。

このMBOSを機能させるためにも、GROWモデルを使ったワンオンワン・ミーティングが不可欠です。**目標設定シートに書かせるだけでは、自発性やコミットメントが生じることはない**からです。

部下への質問によって、目標と現状、そして、その間のギャップを明らかにすることで、緊張構造が生まれ、主体的に目標へ向かって取り組む社員が育成されるのです。

ワンオンワン・ミーティングの「型」その❷ POSERSEモデル

次にご紹介する「型」は、**目標計画作成の際に使う「POSERSEモデル」**です。

先ほどのGROWモデルは、目標と現状との間のギャップを明らかにして、それによって緊張構造をつくりだすことで、解決へのモチベーションを生み出すものでした。

それに対して、POSERSEモデルは、目標達成へのプロセスを引き出すものです。

たとえば、「赤字を減らしたい」「シェア1位を奪還したい」という目標があったとしても、それだけでは具体的な行動にはつながりません。目標を具体化し、達成可能で検証可能なものにしていく必要があります。

また、**POSERSEモデルに沿ってコーチングを行なうことは、相手に目標達成へのメンタルリハーサルをしてもらうことにもなります。**スピード感を持って行動へと導きたい状況で有効です。

POSERSEモデルでは、相手が達成することを望んでいる目標について、次の七つの適格性の条件に関する質問をしながら、具体的で美しく整えられたものにしていく支援をします。

①**肯定的表現（Positive）**　目標やつくりだしたい状態が肯定的な言葉で表現されていること
②**自分ごと（Own-part）**　自分自身が実行できることであり、責任をとれる範囲の活動であること
③**具体的（Specific）**　いつ、どこで、誰と、など、状況を明示すること
④**証拠（Evidence）**　目標が実現したことの証拠が明瞭であること
⑤**リソース（Resource）**　目標を達成するためのリソースがあること
⑥**適切な大きさ（Size）**　意欲的に取り組みやすい大きさの目標であること
⑦**エコロジカル（Ecological）**　影響や問題を事前にチェックすること

これらの条件が整った目標が、実現しやすい目標です。

❶肯定的表現にするための質問

- 「本当にやりたいことは何ですか？」
- 「何を避けたいのかは伝わってきました。逆に、実現したいことは？」
- 「それは心から望んでいることで、ワクワクしますか？」
- 「それを肯定的に表現するとどうなりますか？」

❷自分ごとにするための質問

- 「目標はあなたにとって達成可能ですか？」
- 「目標を達成するために、あなたは何をしますか？」

❸具体的にするための質問

- 「具体的には、誰と、いつ、どこで、何を、どのようにやるのでしょうか？」

❹証拠を明瞭にするための質問

◆「それを実現したことは、どのようにしてわかりますか？」

◆「それが得られたら、何を見、何を聞き、何を感じるだろうか？」

❺リソースを確認するための質問

◆「目標を達成するためには、どんなリソースが必要だろうか？」

◆「達成するための手順は明確ですか？」

❻適切な大きさにするための質問

◆（目標が大きすぎるとき）

「この目標を達成するために、途中で成し遂げるべきことは何か？」

◆（小さな目標を果たすためのエネルギーを、より大きな目標から引き出すとき）

「もし、これができたら、その先にどんな望ましい成果が期待できるだろうか？」

❼エコロジカルにするための質問

◆「目標に達したら、何が起きるだろうか?」
◆「目標未達の場合には、どうなるだろうか?」
◆「何か好ましくない副産物はないだろうか?」
◆「自分以外に、誰に影響があるだろうか?」
◆「自分の心の中で反対している部分を感じるだろうか?」

質問で深掘りしていくのはGROWモデルと同じです。

たとえば、①の「肯定的な表現であること」については、目標が否定的な表現や回避したいことの表現であった場合に、それを質問によって肯定的な表現に変換していきます。

「2年連続の部門赤字は何としても避けなければなりません」

と相手が言ったら、

「2年連続の赤字の代わりに、具体的には何を達成するのですか?」

と質問する。すると、

「まずは単年度の部門収支の黒字化を目指します」

と、肯定的な表現に変わっていくというわけです。

もちろん、はじめから肯定的な表現の場合は問題ありません。

GROWモデルとの違いは、**②から⑥までのチェックを順番に行なう必要はなく、自然な会話の中で行なえばよい**ということです。

そして最後に、⑦の「エコロジー・チェック」をします。

例を挙げると、

A：「さて、これで目標が明確になりましたが、これを達成していく過程で不都合なことは起こり得るでしょうか？」

B：「ちょっと懸念《けねん》があるのは、コンプライアンス的にギリギリの行為をすることになるのではないかと……」

A：「そうであれば、プランを修正しましょう。どの項目がコンプライアンスの観点で問題だと思われるのですか？」

というように質問を投げかけます。

このエコロジー・チェックに引っかかったら、計画を修正してください。

ワンオンワン・ミーティングの「型」その❸
メタポジション・プロセス・モデル

三つ目に紹介する「型」は、「メタポジション・プロセス・モデル」です。

メタポジション・プロセス・モデルが有効なのは、目標は決まっていてもその進捗に問題が生じており、打ち手がなかなか見つからない状況においてです。

ここでまた、少し私の経験談におつきあいいただければと思います。

1990年、私がまだ人材開発の仕事を始めたばかりのことでした。岐阜県の住宅建設会社のオーナーである山下健一社長は非常に熱心に研修を受講してくださっていたのですが、ある面談の際、私が行なった安易なアドバイスに対して強く反発されました。

「あなたはまだ若いし、経営もしたことがないし、ましてや建築業界のことを理解していない。うちの職人たちの人間関係もわかっちゃいない。あなたのアドバイスはありがたいけど、役には立たないんだよ」

山下社長はそうおっしゃり、それはまったくその通りでした。

そのとき私は、

「山下さん、私と席を代わってください。そして、山下さんの抱えている問題に対して、山下さん自身がアドバイスを与えてくださいませんか」

とお願いしました。私としては、とっさに思いついた、まさに苦肉の策でした。

しかし、実際にやってみると、これが非常にうまくいったのです。

山下社長は素晴らしいアドバイスを、目の前の空席に座る「自分」に与えました。

「山下社長、あなたは全部自分で采配《さいはい》を振らなければいけないと思い込んでいるみたいだけど、それで人材育成はできるの？　何で任せないの？　任せればやってくれるという信頼を伝えるチャンスだと思うけどな」

山下社長本人も、「自分でもびっくりのアイデアが口から出たよ」と驚いていました。

すべてを自分で決めないといけないという固定観念から解かれた山下社長は、営業と現場の責任者を呼んで、3人で会議を始めました。

後日、お会いすると、「やってみたら、誰も抵抗しなかった。それどころか、喜んで意見を出し合ったんだよ。彼らの責任感を止めていたのは俺だったと気づいたよ」と破《は》顔一笑《がんいっしょう》されました。

あのやり方はなぜうまくいったのか。

それはおそらく、視点を変えて、自分の問題を他人ごとのように俯瞰《ふかん》して見ることで、意識が変わったからだと思います。

私自身も、問題に頭を突っ込んで解決策がわからずにもがいているときに、「頭を雲の上に出してごらんよ」というアドバイスのおかげで、問題の全体像を客観的に理解し、同時にネガティブな感情からも引き離されて気持ちが切り替わり、アイデアが浮かんだ経験がありました。

視点を変えるためには立場を変える。

立場を変えるためには一歩離れてみる。

私は、当事者の視点から分離して、客観視する知覚位置へとステップバックするこのプロセスに、「メタポジション・プロセス・モデル」という名前をつけました。

メタポジションとは、客観的な立場で物事を知覚すること。いわば俯瞰の視点です。

問題の中に頭を突っ込んでいるときは、「一生懸命やっているのになぜうまくいかないんだ」という思いから、被害者意識が強くなりがちです。こうなると視野が狭くなり、解決策も浮かんでこなくなります。

事実を把握したあとで、その事実から離れる時間をとることで、異なる視点が得られます。顧客の視点、経営者の視点、現場の視点、コンサルタント的な視点などを総合することで、新しいアイデアが生まれてくるのです。

ただ、人は主観的に生きている存在であり、なかなか客観的になれません。

だからこそ、メタポジション・プロセス・モデルを使ったコーチングを行なうのです。

ここではまず、相手が主観的に見ている事実（願望・目標・現実・実際の行動）についての情報を引き出します。そのうえで、その主観的事実から「ステップバック」してもらいます。

まずは以下のような質問で、相手から「主観的事実」を引き出します。

願望・目標を聞く質問

- ◆「チームのもともとの目標計画を確認させてくださいますか？」
- ◆「本当は何を手に入れたいですか？」
- ◆「あなたにとって望ましい状態は？」

◆「あなたの目標は何ですか？」

主観的に見た現実について聞く質問

◆「そのことについては、今現在、どういう状況ですか？」
◆「あなたの課題の中で、取り組まなければならないことは何ですか？」
◆「うまくいっていることは何ですか？」
◆「そのことに関係している人たちは誰ですか？」
◆「障害は何ですか？」
◆「何が妨《さまた》げていますか？」

主観的に見た実際の行動について聞く質問

◆「どのようなやり方で現状に至ったのですか？」
◆「目標達成のために、具体的には何をしてきましたか？」

◆「最も力を入れて取り組んできたことは何ですか？」
◆「計画していたことの中で、実際にはやっていないことは何かありますか？」

質問に対して相手が主観的事実を答えたら、それをバックトラックしたうえで、次の質問へと移るのがコツです。

バックトラックとは、相手が言った内容を、大まかでも構わないので、繰り返すことです。それによって、自分の理解が間違っていないか、相手に確認してもらうことができます。すると、相手と同じ内容を共有しながら、話を先に進めることができます。

まずは、「チームのもともとの目標計画を確認させてくださいますか？」などの質問で主観的事実を引き出していきます。その結果、目標は「納期に間に合わせること」であり、それに対する現状が「納期が遅れている」「3日前に発生したプログラムのミスが原因」などの事実が引き出されたとします。ここで、「バックトラック」を行ないます。

「なるほど。あなたが担当するプロジェクトは来月の15日が納期だが、計画と照らし合わせてみると、７日の遅れが見込まれるのだね。３日前に発生したプログラム上のミスが原因だが、メンバーの中に専任で改善に取り組める者がいなかったというわけだね。……そうか、この事実を踏まえて、この状況をどのように評価できるかな？」

このように、相手の言ったことを繰り返しつつ、それに対する自己評価を聞いていきます。

自己評価を聞く質問

- ◆「今やっていることは、あなたの目標達成に役に立っていますか？」
- ◆「あなたのつくった結果にどのくらい満足していますか？」
- ◆「あえて点数をつけるとしたら、ここまでのプロセスは何点ですか？」
- ◆「そのやり方を続けていくと、課題は克服できますか？」
- ◆「現時点の結果は何を教えてくれますか？」

こうした質問により、**自分を客観的に見るための視点を提供する**のです。これが、メタポジションへのステップバックの1段階目になります。

自己評価を聞いたら、これもまたバックトラックによって共有しましょう。そして、さらに、「この時点で気づいたことはありますか？」などと質問します。これが、メタポジションへの2段階目のステップバックです。

こうして**2段階でメタポジションに立つことによって、より主観から離れ、客観的かつ有効なアイデアを考えることが可能になります。**

2段階目へ導くための質問は、以下のようなものになります。

発見を確認するための質問

◆「ここで、いったん止まってみましょう。どんなことに気がつきましたか？」

◆「取り組んでいるときには目に入らなかったこと、見逃していたことは何ですか？」

◆「そのことから学んだことは何ですか？」

◆「解決のために最重要なことは何だと思いますか？」

◆「あなたがコーチだとしたら、どのような提案をあなた自身に与えることができますか？」

先ほどの社長の例にもあったように、メタポジションに立つことによって、本人もまったく気づかなかったようなアイデアが出てくることは多いものです。

ただ、アイデアをアイデアだけで終わらせてはいけません。そのアイデアを使って、目標と現実とのギャップを埋めるための計画を立てていきます。これもまた、質問を使って進めていきます。

計画を立てるための質問

- ◆「他にどんなやり方が可能ですか？」
- ◆「最も得意な方法は何ですか？」
- ◆「他の人がやっている方法で、取り入れられることはありますか？」
- ◆「必要なリソースは何ですか？」
- ◆「必要なリソースを、どのように手に入れますか？」
- ◆「具体的には、何をどのように実行する必要がありますか？」

ここで注意するべきなのは、この段階ではメタポジションから離れ、自分自身の主観的な視点に戻るべきだということです。**メタポジションの意識では本気になれないから**です。自分自身の主観的な視点に戻って決意をしなくてはなりません。

決意を促すための質問

- 「いくつかの選択肢の中で、最も効果的なことはどれだと思いますか？」
- 「優先順位をつけるとしたら、どれから取り組む必要がありますか？」
- 「今週中にできることはどれとどれですか？」
- 「すぐにでも始められることは何ですか？」
- 「明確にコミットしていますか？」
- 「あなたの内側に反対しているパートはありますか？」
- 「エコロジー的に問題はありませんか？」

そして最後に、フォローアップやサポートをするための質問をします。

支援するための質問

◆「この件に関する報告をいつしていただけますか？」
◆「フォローアップしたいのですが、どんな方法が効果的ですか？」
◆「進捗状況のチェックはいつがいいでしょう？」
◆「私にどんな援助を期待していますか？」

以上で、ワンオンワン・ミーティングの基本の「型」を三つ紹介しました。

繰り返しになりますが、相手を

図2-1 メタポジション・プロセス・モデルの構造

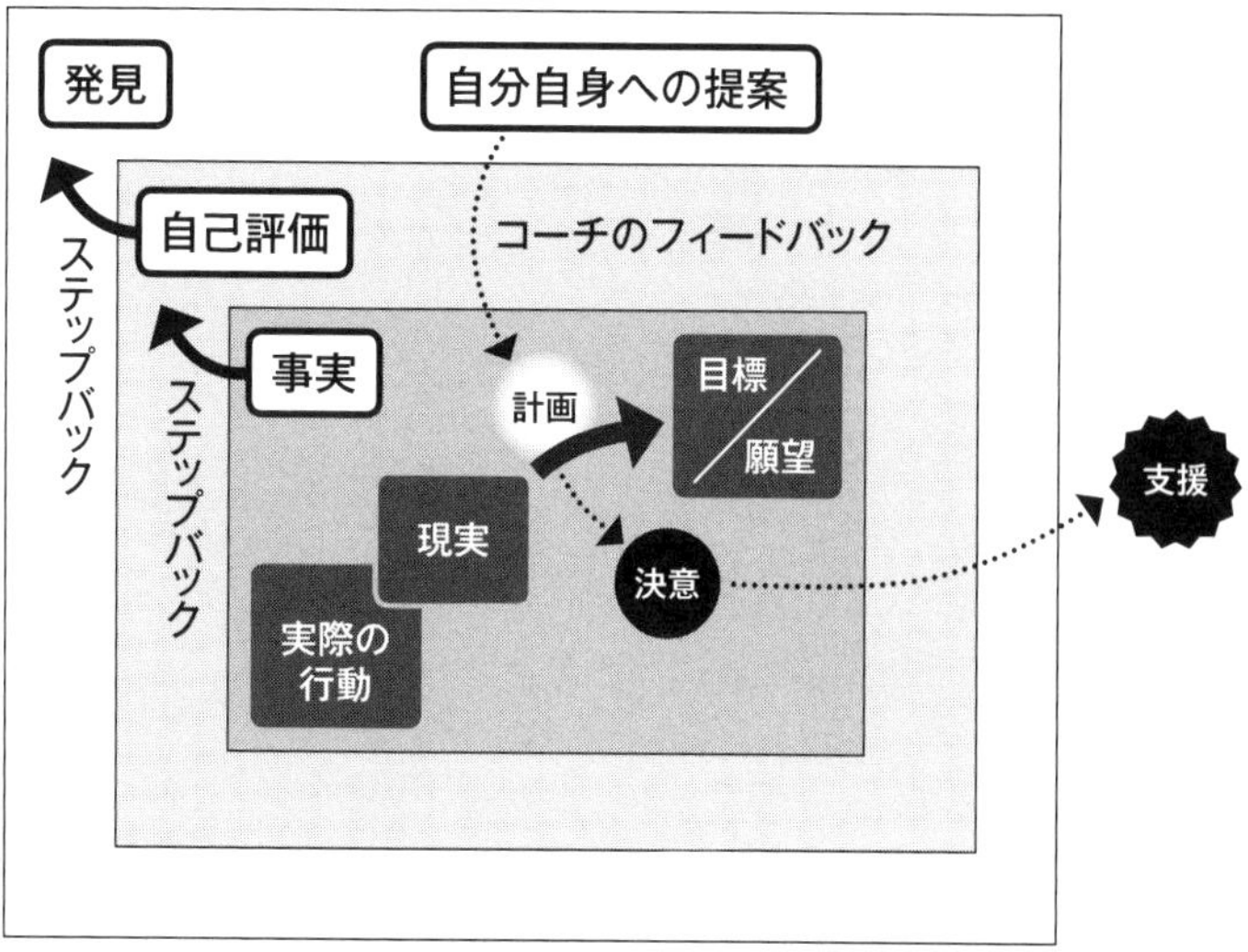

受け入れ、理解するためのミーティングであれば、「型」は必要ありません。傾聴の姿勢をとり、相手に関心を持って尋《たず》ね、承認すればいいだけです。

しかし、ビジネスにおけるミーティングの目的は、目標達成、問題解決、技能向上の促進が主なテーマとなります。その際には、ただ聞けばいいというわけにはいかず、「型」を使うことになります。

どのような課題に対しても、まずはGROWモデルを使えないかを考えてみましょう。

GROWモデルがすべてのベースとなります。

現状を深掘りする必要がなく、行動へと導きたいときには、POSERSEモデルを使いましょう。

一方、**頑張っているのに、望ましい状態や目標に到達していないときは、メタポジション・プロセス・モデルを使ってみましょう。**事実からステップバックしてもらい、客観的に改善策に気づくように相手をリードしてください。

上司の顔は「コーチ」だけではない

ワンオンワン・ミーティングでは、質問によって相手の考えを引き出していくのが基本です。

ただ、上司が部下と話していると、ついつい「これについては答えを引き出すより、教えてしまいたい」「指示してしまいたい」という欲求が生まれることがあるはずです。

世の中には、「部下に教えてはいけない」という思い込みを持っている人が、驚くほど多くいるようです。中でも、企業研修で部下指導のスキルとしてコーチングを学んだことのある方の中に、そうした誤解をしている人が多いようです。

おそらく、何でもすぐに手や口を出してしまいがちな管理職への警告として、「コーチングとティーチングとは異なるもの。コーチングのときは、安易に教えるのではなく、相手に考えさせなければいけない」と研修で教えられるのだと思います。

確かに、あまりに口出しするのは考えものですが、**部下に仕事を教えることは管理職の重要な仕事であり、「教えてはいけない」というのは大きな誤解**です。むしろ、管理職は適切に教える技術を磨く必要があります。

もちろん、外部のコーチによるコーチングであれば話は別です。しかし、上司と部下とは濃い利害関係で結ばれています。結果責任を負うのは上司ですから、結果を出すためには、コーチの役割を捨て、別の役割を果たす必要もあるのです。

具体的には、**相手の状況に応じて「コーチの役割」「ティーチャーの役割」、そして「マネジャーの役割」の中から適切なものを選ぶ意識を持つといいでしょう。**

まず、コーチの役割とは、部下の成長、能力開発、自己実現に焦点を当て、部下が望ましい成果を手にするために、介入《かいにゅう》したり、力づけたりする際のものです。コーチとしての役割が期待されるのは、部下が目標達成や成長のために冒険しようとしたり、モチベーションを高めて自己実現への道に踏み出そうとしたりしているのを支援する場面です。コーチングによって、部下の潜在能力を解放するのです。

それに対して、ティーチャーの役割とは、部下に知識を情報として伝えること、知っていることを教えることです。すでに明らかになっている事実や、部下は知らないが上司である自分は知っているような仕事の手順などを、あえて相手の中から引き出す必要などありません。ティーチングによって、部下は新しい概念や技能を習得していくわけで、これは管理職の重要な仕事です。

そして、マネジャーの役割は、部下とともに目標を決め、その必達を約束し、進捗の管理のために事実を把握することです。成果を出すためのプロセスを踏む際に必要となる役割です。

特に、部下が当初の予定通りのパフォーマンスを上げられず、介入するべきだと判断した場合や、部下の行動面に焦点を当てて改善を促す必要がある場合に、この役割が求められます。

また、部下の努力に報いる特別な賞賛を与えることも、マネジャーとしての役割です。

上司は「問題解決の責任は自分にある」と思う傾向があります。そのため、コーチの役割ばかりを重視して部下の話を傾聴しているうちに、同情して、部下の問題を解決するために奔走《ほんそう》するという事態にもなりかねません。

部下に成長してもらうためには、目標達成や問題解決のための実行責任を部下本人にとってもらう必要があります。

ついつい部下の仕事に手を出したり、問題解決に乗り出したりしがちな人は、**「この人の成功と成長のために、何をどのように任せたらよいだろうか?」**という問いを折《おり》に触れて自分に投げかけることで、責任範囲の境界線を引くことができるのではないでしょうか。

「上司は中立的な立場にはなれない」と意識しておこう

コーチングには、いわゆる「外部のプロコーチ」が入って行なうコーチングと、上司が部下に対して行なうコーチングがあります。

両者には大きな違いがあります。そこが曖昧になっていることが、コーチングに対して誤解を招く一因となっています。

外部のコーチは中立的な立場で関わることができますが、上司はそうはいきません。実行責任は部下にあるとしても、結果責任は上司が担《にな》うので、どうしても客観的ではいられない場面も出てきます。

たとえば、重要なプロジェクトの担い手である部下が新しいキャリアを志向して転職活動を始めていることを知ったときに、上司は部下の将来の可能性に配慮してニュートラルに話を聞いていられるでしょうか。

部下が「今年の目標は、このような社会情勢になることが想定されていないときに設定されたものなので、下半期に向けて目標値を下方修正します」と言ったときに、上司は、「そういう状況では目標値の下方修正を行なうことが大事だと考えるのだね」と言えるでしょうか。

ここは、

「君の気持ちや不安はわからないことはないが、決まっている目標を勝手に動かすことはできない。ここは組織全体にどのように貢献するのかを考えることが大事だ」

などと介入するべき場面でしょう。

中には、部下以上に目標にコミットしてしまう上司もいますが、そういう上司は部下の自発性を削いでしまいます。

上司が部下とワンオンワン・ミーティングをするとき、上司は、自分の主観が強く働いていることに気づくことが大事です。それに気づくことができれば、「このテーマは私にとっても重要な内容なので、一緒に責任をとる立場で議論したいと思います」などと、ひと言添えることができます。

今、自分は、コーチ、ティーチャー、マネジャーの、どの役割をしているのか。そして、本来、どの役割を果たす場面なのか。それを客観視し、必要に応じて修正することが大切です。

人を見て法を説く柔軟性を

「人を見て法を説け」という言葉がありますが、一人の人が見せる顔は状況や背景によって様々に変わります。金太郎飴《あめ》のように、**どこを切っても同じ顔が出てくるという思い込みで人を指導するのではうまくいきません。**相手の状態や背景を理解したうえで、適切な役割を選択して、指導をしてください。

人を見て法を説くには、人を見る際の判断基準が必要です。そこで、ここでは職務遂《すい》行《こう》能力の面で部下を三つの段階に分けて、

- **基本行動レベル(初心者)**
- **応用行動レベル(中級者)**
- **習熟行動レベル(上級者)**

と呼ぶことにしましょう。

相手のレベルによって、関わり方も、指導の仕方も、変えなければいけません。

ところで、人材育成の要諦《ようてい》として知られている、山本五十六《いそろく》海軍大将の歌はご存じの

方も多いと思います。

やってみせ　言ってきかせて　させてみて　ほめてやらねば　人は動かじ

ところがこの歌は以下のような三部作であるという「フェイク」が、ネットの一部に出回っているようです。

やってみせ　言ってきかせて　させてみて　ほめてやらねば　人は動かじ
話し合い　耳を傾け　承認し　任せてやらねば　人は育たず
やっている　姿を感謝で　見守って　信頼せねば　人は実らず

実は、後者の二つは、拙著『[実践]ビジネス・コーチング』の中で、私が「部下の開発レベルへの適切な対応」として紹介したもので、もとは2003年に私の研修の中で受講生たちが作成したものです。研修でつくった歌だと本にはしっかりと書いてありますが、なぜかこれが本物だと誤認されてしまっているようです。

というわけで、最初の歌以外は山本大将の作品ではないのですが、「人を見て法を説く」

という人材育成の大きなヒントになりますので、ここで改めて紹介します。

「基本行動レベル」の人材への関わり方

まず、山本五十六大将ご本人の歌である、「やってみせ　言ってきかせて　させてみて　ほめてやらねば　人は動かじ」については、基本行動レベルの部下に対する関わり方をまとめたものであると解釈できます。

職務を遂行するに当たって、必要とされる基本的な手順や振る舞いを訓練する段階です。まだ上司と「依存的関係」にあるので、生産的になるには、細かく丁寧《ていねい》な指示によって動かなければいけません。

「応用行動レベル」の人材への関わり方

話し合い　耳を傾け　承認し　任せてやらねば　人は育たず

意欲を持って仕事に取り組んだり、工夫をしたりするという経験を積んでいくと、それほど多くの指示や教育を受けなくても、自分の判断で仕事を進めていくことができるようになります。

こうした「応用行動レベル(中級者)」の部下との間では、しっかりと話し合ったうえで「任せる」というアプローチが有効になります。すると、上司との関係は、「自立的関係」へと成長します。

「習熟行動レベル」の人材への関わり方

やっている 姿を感謝で 見守って 信頼せねば 人は実らず

「習熟行動レベル(上級者)」ともなると、ある程度信頼して任せ切るというスタンスが必要となります。上司との関係は「協働的関係」となり、なくてはならない存在として安定した成果を出し、組織に貢献してくれるようになります。

このレベルの職遂行能力を発揮する人材を開発することが、人材育成のゴールです。

「習熟行動レベル」の人材が増えていくと、お互いの連携が自然と強化され、強力なチー

ムが形成されて、組織能力が開発されていきます。

ここで紹介した三つの段階は、「人間のレベル」ではなく、「職務遂行能力のレベル」に応じた育て方を示したものです。

ですから、**ある職務では応用行動レベルに達していても、別の職務に関しては基本行動レベルにいる、ということがあります。**

人を見て判断して、「この職務に関してはこのレベルにいる」と仮説を立てながら、部下の育成に関わることが肝心です。

オンラインの場合の留意点

2020年初頭から、新型コロナウイルス感染予防対策として、多くの業種が在宅勤務に切り替わっていきました。TeamsやZoomなどのツールが一気に広がり、面談や会議にも活用されるようになりました。

当初は「オンラインでの会議や打ち合わせ、ましてや営業活動など、うまくいくはずがない」という不安を持っていた人も、オンラインでのコミュニケーションに慣れてくるにしたがって、その便利さに気づくようになりました。今後、さらに便利なツールが開発されていくことになるでしょうから、大いに期待したいところです。

オンライン会議がこれほど便利だとわかった以上、完全に元に戻ることはないでしょう。今後は、オンラインでも構わないことはオンラインで済ませ、リアルな場でなくてはならないことだけをリアルでやるといったような選択をすることになるはずです。

ツールが変わったとはいえ、人と人とのコミュニケーションである以上、ここまで説明してきたようなワンオンワン・ミーティングおよびコーチングのテクニックは有効です。ただし、オンラインでのコミュニケーションには、いくつかの注意点があります。

まずは、**疲れやすい**ということ。

ディスプレイを見ながら、すべての資料を見逃さないように、話を聞き逃さないように会話についていくことは、意外と疲れます。**60分を超えるようなときは、途中でリフレッシュのための短いブレイクをとるといいでしょう。**

そして、**相手の話にかぶる反応を避けること**。

これはリアルな対面でも気をつけたいことですが、オンラインの場合、相手の話とこちらの反応が頻繁《ひんぱん》にかぶってしまうと、だんだん会話の支配権の奪い合いのようになり、会話が成り立たなくなっていきます。

それを避けるためには、**発言を短めにするように心がけてください**。読点《とうてん》（、）で文をつなげてダラダラと話すのではなく、短いセンテンスで句点（。）をつける。つまり、話を早めに区切ることを心がけるといいでしょう。

たとえば、

「お客様のニーズを引き出さないと商品の紹介に入れないということは研修で習ったのでわかってはいるのですが、お客様を前にすると気が焦《あせ》ってしまうのか、こちらが一方的にしゃべりすぎてしまい、お客様が望んでいるのかどうかもわからないプレゼンを続けてしまうなんてことになって……」

などという会話が続くと、相手が介入するタイミングを逸《いっ》してしまったり、無理やり話しかけてお互いの会話がかぶってしまったりします。オンラインだとこれらがノイズになるのです。

「お客様のニーズがわからないうちに商品説明には入るなと習いました。ところが、お客様を前にすると焦ってしまい、一方的に情報提供してしまいます。その結果……」

このように短いセンテンスで区切り、接続詞を入れて次の言葉につなぐ工夫が必要です。そうすれば、聞き手も、相手の話にかぶるような「見切り発車」の反応を抑えることができます。

オンライン会議の際はこうした心がけをしようということを、**事前に参加メンバーと共有しておく**といいかもしれません。

ちなみに私は、オンライン会議の際、相手の口元を見るように心がけています。話がいったん終わりそうか、まだ続きそうかは、口元を見ればある程度キャッチできるからです。それによってこちらの反応を選ぶことができます。

また、相槌を打つことや、相手の言った言葉を声に出して反復することは、対面の際には傾聴の姿勢を示す態度として役立ちますが、**オンラインの場合、あまり頻繁な相槌や反復はノイズになってしまいます**ので、これも要注意です。

第2章の学びのポイント

●「ワンオンワン・ミーティングは会議」であるという観点から、会議の主役であるメンバー=部下に関わることが大事

●ワンオンワン・ミーティングの「型」❶「GROWモデル」を使うと、業務に関するほとんどのテーマが扱える

●ワンオンワン・ミーティングの「型」❷「POSERSEモデル」は目標設定に使え、相手の頭の中で達成へのメンタルリハーサルをすることもできる

●ワンオンワン・ミーティングの「型」❸「メタポジション・プロセス・モデル」で俯瞰する視点を提供することで、問題解決のためのアイデアが生まれる

●「人を見て法を説く」柔軟性を発揮するには、相手が人材開発レベルのどこにいるのかを意識することから

●オンラインでは、会話が重ならないようにする工夫が必要

自分との対話の「型」 その❷
GROWプラン

第2章で紹介した「型」であるGROWモデルは、自分との対話においても有効です。目標達成へのセルフコントロールの機能を果たしてくれるからです。

頭の中の構想を実現するためには、行動が必要です。その具体的な計画を立てるために使うのです。

①ビジョンと目標を決める
②現状を確認する
③何をどのように行なうことで目標を達成するのかという観点で、具体的な実行項目を洗い出し、それぞれに期限を設ける

図にすると、①と②の間に③が入るアーチ型構造になります。このアーチ型構造は、ピーター・M・センゲが言う「創造的緊張」と同じものです。

GROWプラン

① **G**：目指す状態は何か？

③ **O＆W**：達成するためにやりきることは？

実行項目	期限
1.	
2.	
3.	
4.	
5.	

② **R**：現状は？

自分との対話の中で、①ビジョンと目標を確認する。次に、②現状を正確に把握する。その際に、**決して自分や人を責めない**。そして、③ビジョンと目標に向けて今から何をどのようにすればよいのかを問うのです。

目標達成だけに意識を向けてください。そうすると、目標と現状のギャップを埋めようと、自然に引っ張り合う力が働きます。それがモチベーションにつながります。

第3章

「勝つ会議」「育てる会議」のつくり方

「チーミングとは境界のある昔ながらのグループ構造ではなく動的な活動のことだが、ただ、その目的や利点の多くはチームやチームによる作業の基本原理を土台にしている。チームの利点の一つは、多くの重要な作業を達成するために様々な専門知識を統合できる点である」

——エイミー・C・エドモンドソン
(『チームが機能するとはどういうことか』英治出版)

「チーミングリーダー」にとって会議運営は欠かせないスキル

本章ではいよいよ、戦略的会議運営のための「型」について説明します。

内容としては、私が代表理事を務めている一般社団法人全国チームコーチ連盟に所属している認定インストラクターが「チーミングリーダー養成講座」として全3日間で教えるものの一部です。

会議運営は、様々な才能を統合して目覚ましい成果をつくりだすためにチーミングを続けるリーダーに欠かせないスキルの一つです。

このようなリーダーを、私は「チーミングリーダー」と呼んでいます。

チーミングリーダーは、自分が所属するグループでチーミングを行ないます。

さらに、それだけではなく、リーダーとして組織内の様々な人間関係をつなぎ、時には自分が所属するグループの利害関係者のグループとの連携のためにもチーミングを行ないます。そうして、グループを取り巻くより大きな組織との連携を図っていくのです。

チーミングリーダーとは、単なる会議の司会進行役ではありません。常にチームの一員としての責任を持って活動に没頭できるように、メンバーを導く存在でなければなりません。

このように言うと非常に難しそうに思えますが、**チーミングリーダーが行なうことの基本は、第2章で紹介した三つの「型」と同じです。**1対1で行なっていたものをチームに対しても広げる、という意識を持ってください。だからこそ、前章でコーチングの基本についてしっかりと学んでいただいたのです。

「機能不全会議」の特徴

会合、打合せ、討議など、呼び方は様々あるにせよ、会議は組織において人間同士が意思を伝達し合う重要な手段です。会議をすることなく組織を運営することはあり得ません。

しかし、機能不全に陥っている会議が多いという問題があります。

そもそも、会議は何のために行なうのでしょうか。改めて整理してみましょう。

- 決めるため
- 方針の共有のため
- 事実を把握するため
- 提案を内密に伝えるため
- 情報共有のため
- 仲良くなるため
- アイデアを出し合うため
- 関係者の根回しのため
- チームづくりのため
- お互いの言い分を理解するため
- 妥協点を探るため

それでは、会議として機能していない状態とは、どのようなことを言うのでしょうか。

このことを、私は「チーミングリーダー養成講座」の中で受講者の皆さんに問うてきました。

すると、機能不全会議にはいくつかの特徴があることがわかってきました。主なものを挙げると、次のようになります。

- 会議の目的がないか、あってもメンバーに共有されていない
- 決まらない。あるいは、決断を先延ばしにする
- 人数が多すぎて議論が成立しない
- いなくてもいい人が参加している
- メンバーの視線がパソコンの画面か配布資料に釘づけになっている
- 何も発言しないメンバーがいる
- 異論・反論が出ないままに、多数決で一応の決着を見る
- 司会者や上位者が一方的に情報を提供し、メンバーは聞いているだけ
- 時間枠が守られない

こうしたことが起こるのは、心理的安全性が欠けていて、メンバー同士の信頼が欠如《けつじょ》しているからです。そのため、意見の衝突を避け、結果、誰も責任をとらない状態が放置されます。

こんな機能不全会議は、「働き方改革」において、改善に取り組むべき「無駄な時間をかけている業務」の筆頭に挙げられます。

意思決定をするのは「ファシリテータ」ではない

会議を進める際、**まずやるべきことは、ファシリテータが参加メンバーの力を借りて「会議をデザインすること」**です。

アジェンダ、時間枠、各メンバーの役割を決めるのです。そうすると、アジェンダごとに、時間枠と議論の手順を明らかにしたうえで、会議を進行できます。

どんな会議でも、ファシリテータ、つまり会議の進行役を務める人が必要です。

ここで多くの人が勘違いするのは、「ファシリテータは、会議のリーダー役として、とりまとめの責任をとるはずだ」ということです。

ファシリテータは議論の交通整理の役割を担うのであって、最後の意思決定をする人ではありません。「役割の明確化」ができていないから、このような問題が起きるのです。

また、会議の参加メンバーの中で最も上位の人がファシリテータになると、メンバーは「ファシリテータが答えを持っている」という前提に立ってしまいます。そうなると、「自分の意見は通らない」という思い込みで発言を避けるメンバーが現れます。会議において、**最上位者は決してファシリテータになってはいけません。**

会議の主役はメンバーであることを忘れてはいけません。

意思決定の責任も、時間枠の中で会議の成果をつくりだす責任も、メンバーが有しています。

本章で紹介する「型」を会議で使い、チーミングリーダーとなるのは、組織の上位者だけでなく、参加するメンバーたち全員です。

私たちチームコーチは、チームコーチングを実践していく中で、**会議運営のうまい、チーミングリーダーとしての役割を果たしているメンバーが複数存在している会議と、そうではない会議とでは、つくられる成果が違う**ことに気づきました。

チームコーチングのセッションとセッションの間で、チームメンバーは自主的にピットイン会議（129ページ参照）を行ないます。前の会議で決定に至ったことを、メンバーがお互いに協力し合って実行し、納得できる成果を手にしてピットイン会議に戻ってくるチームは、明らかに会議運営が巧《たく》みなのです。

会議での参加メンバーの役割分担は、次のようにすることをお勧めします。

- 最上位者は議事進行をしない
- ファシリテータは中立的な立場を守る。会議の交通整理役であり、会議の「しもべ」に徹する。メンバーは、ファシリテータが交通整理役としての役割を果たしているのかどうかをモニタリングして、時には注文をつける
- 書記は、ファシリテータ同様、中立の立場を保ち、他の人の発言に対して評価を下さず、会議の「しもべ」として働く。集中して発言を聞き、キーワード、キーフレーズ

を、全員が見えるように書く

- 会議はメンバーのものであり、会議を成功させる責任は、ファシリテータではなくメンバーが負っている。会議を監視することもメンバーの役割
- ファシリテータと書記が意見を言いたいときは、メンバーの許可を得てから話し、話し終わったらもとの役割に戻る

座り位置はメンバーへの「メタメッセージ」

次に考えるべきは、**会議を行なう際の、参加メンバーの座り方**です。どんな場所で、どのような席の配置で会議を行なうかが、メンバーに対して重要なメッセージになるからです。

メッセージは言葉だけとは限りません。態度やジェスチャーもメッセージになります。言葉によらずに何らかの示唆《しさ》を伝えるものを「メタメッセージ」と言います。

会議でも、たとえば、メンバー全員が座らずに、立ったままで議論を進めるやり方を

選べば、「短い時間枠の中で情報を共有して、なるべく早く現場に戻ろう」というメッセージが含まれます。

椅子やテーブルを使うときは、席次などの配置が、言葉ではないメッセージをメンバーに伝えます。

サイコジオグラフィー（心理的位置関係）は、チームビルディングやリーダーシップ、集団力学に密接に関わるのです。

いくつか例を挙げてみましょう（ロバート・ディルツ著『NLPコーチング』〈VOICE〉参照）。

①丸テーブルに車座に座る

- ②③に比べ、メンバー間の意見交換や相互作用が活発になりやすい。
- 円形状のサイコジオグラフィーでは、対人関係に焦点が当たりやすい。それぞれのメンバーに同等の注意が向けられるため、全員が対等な地位であることが暗示される。

②前方の黒板に向かって椅子が配置された「劇場型」

- プレゼンテーション向けの配置で、参加メンバーは受動的に傾聴する傾向が強くなる。
- ①に比べ、参加メンバーの自発的で積極的な意見が出にくくなる。

③長方形のテーブルに座る

- 上座に最も高い地位の人、その右側に次の地位の人、左側にさらにその次の地位の人が座る形が一般的。上座に意識が向けられるため、階層意識が生まれやすい。

④テーブルを半円形に囲んで座る

- メンバーの意識が前方の一点に集中しやすい。
- メンバー全員が同等な地位であることが暗示される。
- 意識を向けているものに関して、メンバー全員が行動を起こし、合意に至ろうとする傾向が強まる。
- テーブルなしで、椅子だけで半円形をつくると、さらに積極性が増す。

⑤テーブルに対して、横並びに、一直線に座る

- メンバー全員の意識が何かに向けられていることを暗示するが、④に比べてメンバー間の関わりがはるかに低くなる。

- 集団として互いに影響を及ぼし合うことなく、メンバーが個々で活動する。

これから行なわれる会議がどのような目的を持ち、どのような雰囲気で進めていきたいのか。チーミングリーダーは、それを意識したうえで、適切な場を設けるべきです。「どこでもいいから空いている会議室で」という発想では、会議の質を高めることは不可能です。

昨今増えているオンライン会議についても触れておきましょう。

オンライン会議は、心理的にも物理的にも参加メンバー同士の距離が遠いので、お互いに一定の距離を保って冷静に情報共有をすることが可能になるというメリットがあります。

一方、情熱的な濃い関係をつくることは難しいので、当事者意識が希薄《きはく》になり、コミットメントが弱くなりがちだというデメリットもあります。

会議は「経験学習の機会」であることを忘れずに

第1章で述べたように、「会議は経験学習の機会」と捉えることで、参加メンバーは批判におびえることなく、あらゆる経験を学習して次に活かす勇気が湧いてきます。繰り返しますが、会議は経験学習のプロセスなのです。

経験学習とは、ある経験に従事したあとに、その経験を振り返り、内省と観察によって気づきを得て、そこから学びが生じ、さらに理解が深まり、コツをつかみ、それが新しい経験へと活かされていくプロセスです。

組織は、効果的な会議によって、経験学習サイクルを回すことになります。

「会議は経験学習の機会」と捉えると、会議中に人を責めたり、自己卑下《ひげ》したりする代わりに、**「この結果から何をどう学ぶことができるだろうか」**という問いが生じてきます。**することができるだろうか。改善策にどのように反映**

そうすることによって、心理的安全性の高い場になっていきます。

組織上のリーダーが、「会議は人が育つチャンスでもある。会議の中で意見を言う。人の意見を聞く。反対意見を出す。異なる意見を戦わせて合意に至る。結果から学び、振る舞いを変える。そのすべてが学びとなる。会議をメンバーが人間的な面でも向上する機会にしていこう」と、常日頃から伝えることは重要です。

しかし、それ以上に有効なのは、**チーミングリーダーが、後述する「型」を使って、経験学習の場となるように会議をリードする**ことです。

学習の場だからといって、緩《ゆる》い人間関係になるわけではありません。

どのような結果になっても、フィードバックとして受け止めて、行動の改善へと動くことを、メンバーに奨励《しょうれい》していくのです。

それでは、経験学習の機会としての会議の「型」を紹介していきましょう。

会議の「型」その① GROW会議

ワンオンワン・ミーティングは、「GROWモデル」というフレームワークを使ってリードすることによって、雑談ではなく、コーチングになるということを、第2章でお伝えしました。

グループでの会議であっても、GROWモデルはフレームワークとして有効です。

ワンオンワン・ミーティングと同じく、**会議にもアジェンダが必要**です。**アジェンダが選ばれたら、そのテーマに含まれる緊張構造を明らかにします。**

緊張構造とは、簡単に言うと、目標と現状の間のギャップのことです（ロバート・フリッツ著『偉大な組織の最小抵抗経路』〈Evolving〉参照）。

到達するべき行き先を明確に定義して、今の現実を正確に理解すると、その両方が引っ張り合い、ギャップを埋めて問題を解決するモチベーションが生まれます。

復習になりますが、GROWモデルは、

- **目標（Goal）**
- **現状把握（Reality）**
- **選択肢（Options）**

・意思決定(Will)／まとめ(Wrap up)

の四つのフレームから成ります。

「目標」と「現状把握」のどちらから始めるかは状況によります。

目標を設定するための質問・指示

◆「今期の目標を再確認しましょう」
◆「前回の会議で決めた目標と計画は何でしたか？」
◆「次のゴールを設定しましょう」
◆「期限はいつですか？」
◆「具体的には何を達成するのでしょうか？」
◆「それらを達成したということは、どのようにしてわかりますか？」

現状を把握するための質問・指示

◆「進捗を確認しましょう」
◆「現状はどうなっていますか？」

- 「何がうまくいっていますか?」
- 「うまくいっていないことは何ですか?」
- 「具体的には何をしてきましたか?」
- 「達成のために、どのように動いたのでしょうか?」

選択肢を広げる質問・指示

- 「どのようにすれば問題を解決できるでしょうか?」
- 「目標と現状のギャップを、どのように埋めていきますか?」
- 「何を継続し、何をやめないといけないでしょうか?」
- 「他にはどのようなリソースを活用できますか?」
- 「我々にとって重要な方針を決めましょう」
- 「達成するための具体的なアイデアを出していきましょう」

意思決定のための質問・指示

◆「具体的には何をやりますか？」
◆「実行項目を明らかにしましょう」
◆「計画の優先順位と責任者を決めていきましょう」
◆「次回の会議までの実行計画を決めて発表しましょう」
◆「私たちの決意は十分に強いでしょうか？」
◆「ここまでの決定事項を振り返り、全員で確認しましょう」

「GROW会議」の事例──インターナショナルスクールオブ長野

2021年5月に、国際バカロレア認定校であるISN（インターナショナルスクールオブ長野）の複数のキャンパスのリーダー的な役割のスタッフ14名が集まり、1日の会議を2回行ないました。

ISNは、国際バカロレア機構（本部はジュネーブ）が提供するグローバル教育プログラムに基づいて運営する「こども園」を長野県内で複数運営し、文部科学省など、行政との連携によって、キャンパスを増やしていこうと活動しています。2021年3月に幼小中一貫国際バカロレア認定校になったばかりの若い組織です。

代表の栗林梨恵さんからの私への依頼は、「県内5カ所で仕事をしていて、普段はそれほど交流のないスタッフたちのリーダーシップを開発し、なおかつ、ISN全体として連携を強化したい」というものでした。

これが、会議の意図であり、アジェンダです。

そこで、次のようにGROW会議をリードしました。

■現状把握

栗林代表から指名されて会議に参加したメンバーの中には、会議や研修に対して抵抗感の強い人が若干《じゃっかん》名いました。

そこで、心理的安全性を確保するため、まずは、

「ISNの特徴は?」

「ISNの強みは何か?」

「私たちが育成している人間像は?」

と、現状認識を共有するための質問をして答えてもらい、互いの発言を批判すること
なく、むしろ承認される場づくりをしました。

現状の肯定的な側面に焦点を当てることは、グループのエネルギーを上げることにも
なります。

正直に話しても批判されないということがわかってくると、
「私たちが抱えている問題は何か？」
というような、ネガティブな問いにも正直に答えてくれるようになります。

そして、「あまりの多忙さに、目先のことに囚われてしまい、本来の価値創造のための連帯感を失っていた」という現状を共有することができました。
キャンパスが次々につくられ、日常業務が多忙な中で、起きてくる様々な問題の解決に追われる毎日を過ごしていたスタッフにとって、この会議は厳しい現状を止まって見る機会になりました。

■目標の設定

次に、

「今期の目標を再確認しましょう」

「前回の会議で決めた目標と計画は何でしたか?」

といった質問によって、目標を設定するプロセスに入りました。

目標の再確認により、もともと栗林代表がＩＳＮを立ち上げときに掲げた「世界という選択肢を全ての子ども達へ」というミッションに再び立ち返ることになりました。

その中で、栗林代表から「改めてＩＳＮのビジョンを共有したい」と提案されたので、私のいくつかの質問に答える形で、参加メンバーがＩＳＮのビジョンを日本語と英語でつくりました。

「ＩＳＮは世界をワクワクさせるリーダー達を生み出します。
We foster leaders who will inspire the world.」

何のために国際バカロレア認可のこども園を運営しているのか。その原点に立ち返り、行き先を決めたのです。

■改善策の選択肢を広げる

会議に参加していたスタッフたちは、チームで作成したビジョンと目標に感動していました。そして、普段は会うことがほとんどない別々のキャンパスのスタッフたちが連帯し始めました。

また、あまりの忙しさに仕事や組織の現状を俯瞰する時間もとらずに走っていたスタッフたちは、立ち止まることで、現状と目標とのギャップを知りました。

これこそが、会議において「現状把握」と「目標設定」を優先する意味なのです。この状況になって、やっと、メンバーから様々な意見が発せられることが期待できるようになるのです。

あとは、前述したような、

「どのようにすれば問題を解決できるでしょうか？」

「目標と現状のギャップを、どのように埋めていきますか？」

といった「選択肢を広げる」質問によって、どんどんアイデアを引き出していきます。

その結果、目標達成のための基本方針を策定し、共有しました。

■意思決定した具体的な改善策の共有

さらに、それぞれのキャンパスで具体的に何をしていくのかを明確にしました。

今まで具体的な数値目標が曖昧だったのに、この会議の中で、各キャンパスのリーダーたちが自ら数値目標を明確にして、そのための実行計画を立てたことに、栗林代表は感動していました。

各キャンパスのスタッフがお互いに連絡を取り合い、助け合っていこうと、気合いも入りました。

最初は、会議に慣れていない一部のスタッフは警戒心を抱いて固い表情でしたが、すべてのスタッフが主体的にエネルギッシュに参加し、時間通りに1日の会議を終えました。

会議の「型」その❷ ピットイン会議

F1などの自動車のレースでは、時々ピットインをします。タイヤを交換したり、ガソリンを補充したりといった作業を数秒以内で行なって、すぐに全速力でサーキットに戻ります。緊張感のある、惚《ほ》れ惚れする場面です。

組織が任務のために動いているときも、時々、会議に「ピットイン」をすることが必要です。ピットインすることでチームのメンテナンスを行ない、再び全速力で走ることができるようにするのです。

そのときには、第2章で説明した「メタポジション・プロセス・モデル」を使うと効果的です。

ピットイン会議には、通常、最終的な目標は未達の状態で、参加メンバーたちが戻ってきます。ピットイン会議までにやると決めた項目のすべてをやり遂げて来るとは限りません。つまり、頑張ったものの、目標に対してギャップをつくった状態になっているわけです。

未達というギャップがある場合、人はとかく言い訳をしたり、自分や人を責めたり、あるいは、「もっと頑張ればいい」という安易な結論に行きがちです。

そこで、**メタポジション・プロセス・モデルを使って、事実を事実として承認し、ステップバックして客観的視点を持ち、全体像をつかみます。そうすることで気づきを得ると、その結果として、新しいやり方を考えることができるのです。**

うまくいっていないのであれば、ハードワークをすることよりも、違うやり方を採用することが大事ではないでしょうか。

メタポジション・プロセス・モデルを使った会議の流れは、

事実 → 評価 → 発見 → 計画 → 決意 → 支援

となります。

【事実】事実共有のフレーム

- 目標、願望は何だったのか?
- 現状、進捗はどうなっているのか?
- どのように取り組んできたのか?

【評価】評価のフレーム……事実をバックトラックしたうえで、メタポジションから評価する

- 何がうまくいっていて、何がうまくいっていないのか？
- この進捗状態を、どのように捉えることができるか？

【発見】発見のフレーム……ここまでのプロセスを、評価も含めてバックトラックしたうえで、気づいたことについて話し合う

- 「事実の把握と評価内容から、どのような気づきがあるかな？」
- 「ここでいったん止まってみよう。何を学ぶ機会だろうか？」
- 「改善のためのアイデアを出し合ってみよう」

【計画】改善策のフレーム……事実の改善のために、具体的な戦略や計画を立てる

- ここまでに出されたアイデアの中で、どれが実際に有効か？
- 「達成のためのプランを作成して共有しよう」

【決意】意思決定のフレーム……全体と個々のコミットメントを共有する

- 「全体プランから個々の直近の実行項目と期限を明らかにしよう」

【支援】未来支援のフレーム……フォローアップやサポートの仕組みを決める

- 次の会議日程を確認する。それまでにお互いに支援できることは何か?
- 誰かの援助が必要なメンバーはいるか?

たとえば、期末までに9億6000万円の売上を立てなければならない営業チームが、残り2カ月の時点でピットイン会議を行なうとしましょう。

まずは「事実」を確認し、共有します。

すると、9億4000万円までは見えているけれども、2000万円の未達の見込みだとわかったとします。

次は、この事実をメタポジションから自己評価します。その結果、「製造の部署から『この忙しいのに、納期が近い仕事をとってくるなよ』と言われたことがあって、営業活動を抑えてしまったために、目標未達の見込みになってしまった」という評価になったとしましょう。

そこから、「会社全体の目標達成のためには、製造と営業とが進捗状況を握《にぎ》り合って、お互いのためにできることを考えるべきだった」という発見が生まれます。

以上を踏まえて、残り2カ月で足りない2000万円の売上をつくるための計画を立てます。

「製造の部署の責任者と、会社の目標を一緒に達成するために話し合おう。できれば社長にも同席してもらうようにお願いしよう」というようにToDoリストをつくり、スケジュールに落とし込むのです。そして、それを実行する決意を固めます。

最後の「支援」は、「○日の○時に、うまくいったこと、いかなかったことを聞かせてほしい。うまくいかないことがあれば、次の打ち手を考えよう」とメンバーに伝えるといったことです。

このように伝えておくと、メンバーは「○日の○時に次の打ち手を検討するんだな」とメンタルリハーサルをしておくことができ、コミットメントが強まります。

会議の「型」その❸ POSERSEモデル

以上の二つの「型」は会議の手順についてのものでした。ここからは、三つ、手順以外の「型」を紹介しましょう。

まずは、第2章でワンオンワン・ミーティングの「型」として紹介した「POSERSEモデル」です。

GROWモデルでは、目標と現状のギャップを明らかにして緊張構造をつくりますが、**POSERSEモデルは、現状から望ましい状態へと組織を動かしたいときに使い、前向きにやるべきことだけに焦点を当てます。**

具体的には、第2章で説明したように、目標を次の七つの条件に合うように整えていきます。

①肯定的表現(Positive)

②自分ごと(Own-part)
③具体的(Specific)
④証拠(Evidence)
⑤リソース(Resource)
⑥適切な大きさ(Size)
⑦エコロジカル(Ecological)

たとえば、私がチームコーチングを行なった京都トヨタ自動車では、

「これからの2カ月間で、クラウンのオーナーを2回ずつ訪問して、ご愛顧《あいこ》に感謝をして関係を深くする。買い替えニーズを引き出せればベストだが、最低でも、車検のお約束はいただいてくる」

という目標を立てました。

ここから、POSERSEモデルを使って、

「まず、一つ目の、肯定的表現はクリアしていますね。いかがですか」

というように、七つの条件を満たす形に整えていきました。

条件が整うと、達成可能な目標になります。しかも、条件を整えるために思考することは、参加メンバーがメンタルリハーサルを行なうことにもなるので、心のブレーキが外《はず》れ、すぐに動けるようになります。

会議の「型」その④ アイゼンハワー・マトリックス

アメリカ合衆国第34代大統領であるドワイト・D・アイゼンハワーは、軍人としてもたいへん有能な人物だったようです。

彼は、重要度と緊急度から判断して、最優先の仕事から手をつけることを推奨《すいしょう》しました。今では、「重要度と緊急度のマトリックス」として、多くの人たちがタイムマネジメントに活用しているフレームです。

これは会議でも活用できます。**会議で決定した実行項目に関して優先順位の合意をとり、業務の効率化を図ることができる**のです。

どの実行項目の優先度が高いのかを共有していないと、メンバーたちは、それぞれがやりやすいことから取り組みがちです。心理的に抵抗があることは先延ばしにしてしまいます。

　ファシリテータが重要度と緊急度のマトリックスを示し、メンバーたちが議論して、その四つの象限に実行項目を当てはめてください。

- **緊急かつ重要な仕事**
  ↓　すぐにやる
- **緊急ではないが重要な仕事**
  ↓　いつ実行に移すのかを決める
- **緊急だが重要ではない仕事**
  ↓　誰に任せるのかを決める。参加メンバー以外でも構わない
- **緊急でも重要でもない仕事**
  ↓　やらなければならないことではない

図3-1　アイゼンハワー・マトリックス

	緊急	緊急でない
重要	すぐにやる	いつ実行に移すのかを決める
重要でない	誰に任せるのかを決める	やらなければならないことではない

アイゼンハワーは、何を優先するのかを選択していたから、彼が大事にしていたモットー通り、「物腰《ものごし》は優雅に、行動は力強く」振る舞えたのかもしれません。

会議の「型」その⑤ エコロジー・チェック

第2章で述べたエコロジー・チェックは、会議においても不可欠です。勝手な振る舞いをして不都合な事態を引き起こさないための事前のチェックです。

GROW会議やメタポジション・プロセス・モデルを使ったピットイン会議によって、目標を達成するための、あるいは、現状を改善するための計画をつくったら、最後の確認として、エコロジー・チェックをしてください。

目標を達成していく過程で、あるいは、実行項目を実際に行なった場合に、不都合なことが起きないかどうかを事前に検討して、先回りして対処するのです。「想定外のことでした」と、対応できない事態になることは避けたいものです。

エコロジー・チェックのためには、まず、具体的な実行項目を重要度が高いか低いかで分けます。

続いて、重要度の高い仕事に関しては、コスト(費用と代償)と時間の2軸で検討します。

時間とコストのマトリックス

- コストも時間もかかる　↓　やめる選択もあり。代替案の検討に入る
- コストはかかるが時間はかからない　↓　実施するか否かを再検討する
- コストはかからないが時間がかかる　↓　他の人に分担してもらう
- コストも時間もかからない　↓　それが重要項目であるならば、積極的に実行する

ビジネスの場合、時間とコストのマトリックスで判断することで、作業の価値を測ることができ、全体的に生産性を上げることができます。

時間と費用は問題なくても、実行するに当たって、代償として支払わなければいけないことが結構ある場合もあります。たとえば、「日常業務活動に割ける時間がかなり減少する」などです。その場合は、やり方を工夫するか、分担してもらうメンバーを増や

す必要があります。検討次第では、計画をとりやめたり、修正したりすることになるかもしれません。

オンラインの場合は「チェックイン」と「チェックアウト」を

ウィズコロナの時代になり、やむなく始めたオンライン会議にも、多くの人が慣れてきました。時間の無駄を減らすことができ、その利便性を実感されている人が多くなったので、今後はオンライン会議が普通になると予想されます。

ただ、私は、**重要な意思決定の会議は、リアルで行なうことをお勧めします。**リアルな会議での人間関係が引き起こすグループダイナミクスは、とても貴重なものだと思うからです。特に、対立・葛藤《かっとう》を克服していくプロセスには、リアルならではの価値があります。それによってチーム形成が進行します。

オンライン会議の、リアルな場での会議と異なる注意点としては、ワンオンワン・ミーティングと同様、発言に別のメンバーの発言がかぶることが頻繁だとノイズに感じられるので、**発言を短くまとめるようにする意識を持つべき**ことがあります。

また、**ファシリテータは、メンバー全員の発言と傾聴のバランスがとれるように注意を向けなければなりません。**

また、オンライン会議では視点が狭い範囲に留まることから来る精神的疲労が蓄積しますから、**適宜《てきぎ》、必要な休憩をとりながら進行する**という工夫も必要になります。

書記については、今後、音声が即座に文字になって共有されるような技術が開発されれば、必要なくなるかもしれません。

オンライン会議は有用ですが、在宅勤務時など、どうしても頭の切り替えが難しい場合などがあります。そこで、私たちが役員会議を行なうときは、まず「チェックイン」から始めます。

参加メンバーが一人ずつ、短い時間で、どんな気持ちで参加しているのか、どんなことを話したいのか、会議にどんな期待をしているのか、といったことについて話すのです。時には、日常生活でのトピックを話すこともあります。一人ひとりのチェックインに、他のメンバーは拍手で承認を示します。

これによって気持ちをクリアにし、会議に集中する準備をします。

全員が会議にチェックインすると、ファシリテータが会議のアジェンダを共有し、おおよその時間枠を伝えます。

会議の終わりには、時間が許せば、「チェックアウト」もしています。チェックインと同様、参加メンバー一人ひとりが会議の感想を短く伝えるものです。

第3章の学びのポイント

- 会議運営はチーミングリーダーに欠かせないスキル
- 会議にはファシリテータが必要だが、その役割は会議の交通整理役であり、会議の主役はメンバーであるということを忘れてはいけない
- 会議を経験学習の場であると捉えることで、メンバーたちのチャレンジ精神が旺盛《おうせい》になる
- 会議の「型」その❶「GROW会議」は、緊張構造を明確につくり、そのギャップを埋めるためにモチベーションを高める
- 会議の「型」その❷「メタポジション・プロセス・モデル」は、ピットイン会議や問題解決のための会議に向いている
- 会議の「型」その❹「アイゼンハワー・マトリックス」は、会議で決定した実行項目について優先順位の合意をとるときに使う
- オンライン会議は時間の無駄を避けることができる。ただし、発言を簡潔にする、発言者以外はミュートにするなどの配慮が必要

自分との対話の「型」その③

クオリティ・マネジメント・サイクルズ

「一貫性のサイクル」を中心に、「管理のサイクル（PDCA）」と「成長のサイクル」を統合すると、三つのサイクルが噛《か》み合ってきます。これを私は「クオリティ・マネジメント・サイクルズ」と呼んでいます。**人生の上質経営の「型」**です。人生に必要な指針を与えてくれます。

このサイクルに答えは書かれていません。**すべては「問い」です。**

適切な問いに導かれると、どのような人生になるのか。それを発見する旅に出るのもいいのではないでしょうか。

一貫性のサイクル

人が動機づけられるのは計画ではありません。**「何のための計画なのか」という価値に触れたときに、コミットメントが起きてきます。**

そこで、「一貫性のサイクル」で、大きな視座を手に入れましょう。

「一貫性のサイクル」は「目的」から始まります。目的とは、「何のためにそれを行なうのか?」という問いへの答えです。存在理由であり、ミッションとしても表現できます。

次のステップは「ビジョン」です。ビジョンとは、目的を成就《じょうじゅ》するプロセスで実現可能な未来の理想の状態です。期限は必要ありません。

次は「目標」です。長期目標、中期目標、短期目標を、具体的で明確に、期限とともに設定してください。

さらに次のステップは「戦略・計画」

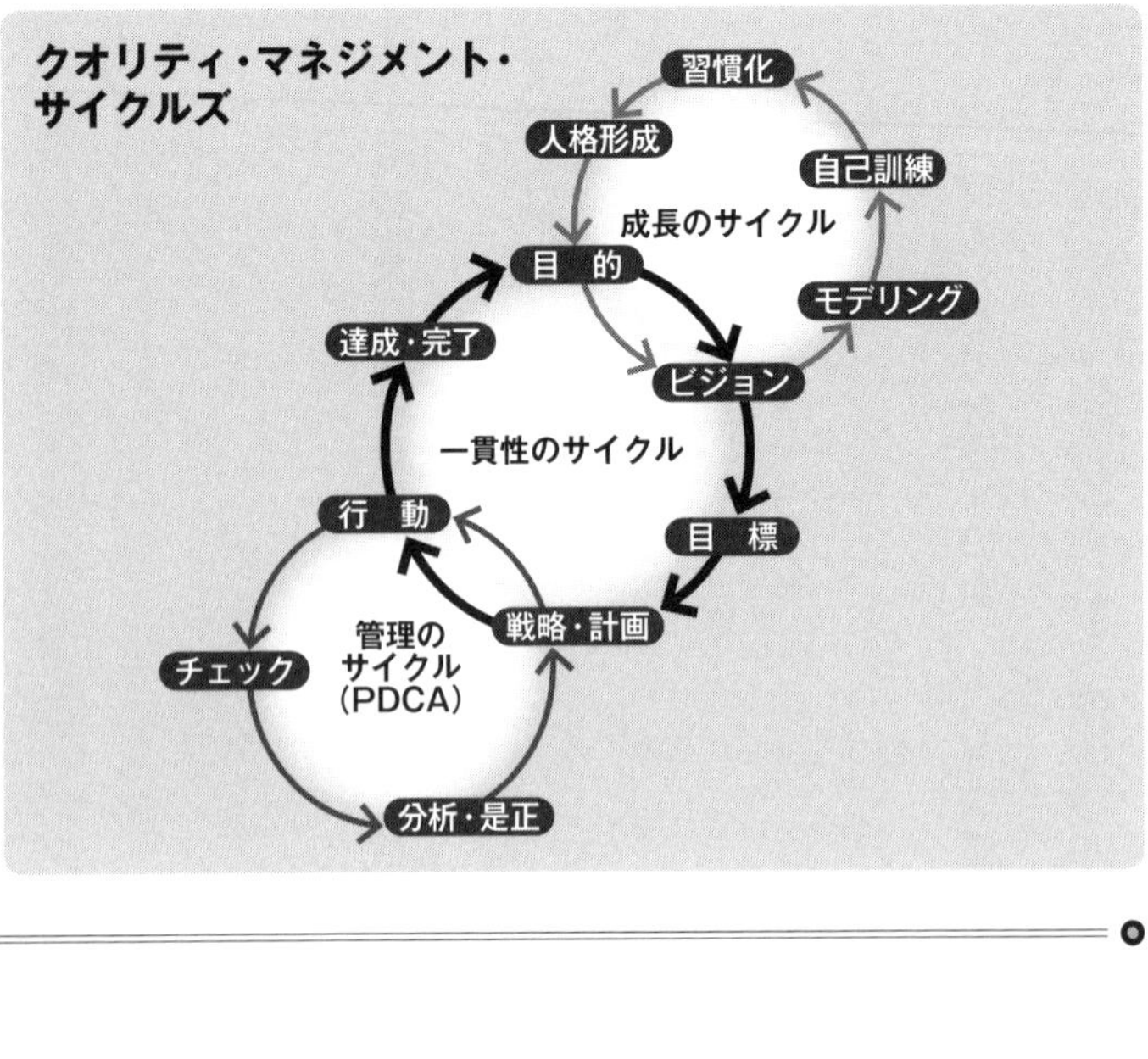

です。

ここで言う戦略とは、目的を成就しつつビジョンを実現し、途中経過に設定した複数の目標を達成していく方法です。ビジョン実現への基本方針と言ってもいいかもしれません。

その方針から主な実行項目が選ばれ、それらをスケジューリングしたものを「計画」と言います。

何をするのかが明確になれば、次は統一された「行動」というステップです。

サッカーやラグビーの日本代表チームは規律正しいと評価されることがありますが、そのように、同じ方向にすべての人材と他のリソースが整列された行動があると、物事が成就しやすくなります。

サイクルの最後のステップは「達成・完了」です。

制限時間が来たり、計画された仕事が予定通りに進んで終わったりすることを終了と言いますが、完了は終了とは違います。**完了は、「しなければならないことを、その物事が終わるまでやる」という意味です。**

「成し遂げて形にする」という意味の「完成」でもありません。目標を達成するに越したことはないのですが、目標や計画を達成したか未達成かにかかわらず、するべきことを最後までやりきることが、完了です。

完了するためには、まず事実を認めなければいけません。何をやり遂げるかを決めて、実際はどうだったのかという事実を明らかにしてください。

そして、**どのようなプロセスと結果であっても、その体験から学習するべきことを学習して、次のサイクルに移行すること**が大事です。完了することで、達成感や悔《くや》しさなどの強烈な感情を手放し、その経験と結果をフィードバックとして受け止めて、学ぶことになります。

農業のメタファーを使うと、豊作であっても不作であっても、田畑にあるものを刈り取って、次の種まきの準備をすることが、「完了」の状態です。

このような「一貫性のサイクル」に従って動きをつくっていくと、仕事に意味づけすることができるので、高めで安定したモチベーションを維持することができます。

管理のサイクル（ＰＤＣＡ）

目標が明確であり、どのように達成していくのかがあらかじめ想定できる場合、「管理のサイクル（ＰＤＣＡ）」が有効です。

「一貫性のサイクル」の「計画」の実行に当たっては、日常業務活動として「管理のサイクル」を回してください。そうすることで、計画から逸脱しそうになっても、計画通りの行動に修正することができます。

「管理のサイクル」を回す際には、目標、期限、評価基準を明確にしてください。また、**1回転で終えてしまうのではなく、サイクルを回し続けてください。**すると、現状を把握したうえで、計画を更新・改善し続けることができ、目標達成に向かっていきます。

ただし、管理のサイクルは、過去に経験のある領域での計画についてはうまく機能する可能性が高いですが、大きな目標や新しい領域での目標に対しては柔軟性を欠いてしまうかもしれません。管理のサイクルそのものが自己目的化してしまうことで、モチベーションが生じなくなるということもあり得ます。

成長のサイクル

幸運なことに、私は20代の頃から、世界から一流だと評価されている人々と多く出会うチャンスがありました。その人々を見ていて共通の「型」を発見したので、それを「成長のサイクル」と名づけました。

一流の人は、まず「目的意識」があり、**「自分の存在にはどのような目的があるのか？」**を探求し続けています。京セラの創業者である稲盛和夫さんは、まさにそのことを、青春時代からずっと自分に問うてきたとおっしゃっていました。

簡単には答えは出てきません。しかし、問うことが大事です。**この問いには、「私の存在理由は尊いものだ」という前提が含まれている**からです。

私たちの無意識は、深遠な問いに対して答えを探索し続けてくれます。年代によって答えの表現が変化していきますが、それでいいのです。

次は「ビジョン」です。ここで言うビジョンは、自分のなりたい姿のことです。自分が自分に期待する理想の姿を発見するためには、モデルが必要です。そのためには、子どもの頃から伝記や歴史書のような特定の人物像が現れてくる本を読んだり、良い映画を鑑賞したりすることが役に立ちます。運がよければ、実在の一流の人物、あるいは憧《あこが》れるような人物との出会いもあるでしょう。

ビジョンが明らかになると、具体的にどういう部分を学びとして取り入れていくのかを考えるようになります。「学ぶ」ことは「真似をする」ことから始まります。これが「モデリング」のプロセスです。

モデリングは、頭の中にとどめるのではなく、人生の現場で実践することが必要です。これが「自己訓練」のステージです。

ただし、実践しても、自分の身につくものと身につかないものがあります。

そして、さらに「習慣化」のステージに移行します。

健全な習慣を身につけるためには、それと対抗する不健全な習慣を弱体化していかなくてはなりません。習慣を変えるには時間がかかります。

そうすると、「人格形成」、人物の特徴が形成されます。

松下幸之助さんにしても、年齢がそうさせていたのかもしれませんが、偉ぶることがありませんでした。ダライ・ラマ14世も、裏千家の家元を務め、現在は事業承継をされて一線を退《しりぞ》かれた千玄室さんにしても、深い教養と謙虚さを持っていると感じました。

社会的地位や資産を少し得ると、それを他の人と比較して偉ぶる人が多いですが、一流の人物はなぜ謙虚さを持っているのか。考えてみて、それは「目的」、つまり**自分の存在理由に身をささげているから**だということに気づきました。その意識が「利他の精神」を生むのではないでしょうか。

第4章

単なる「グループ」から「チーム」への成長

「コンフリクト（対立・葛藤）はきわめて自然なことだ。肯定的だとか否定的だとかはない。コンフリクトは、まさにコンフリクトなのだ。大事なことは、違いをつくるためにあなたがコンフリクトの中で何をするかということである。コンフリクトは試合ではない。勝ち負けはゲームのゴールであって、コンフリクトのゴールではない。コンフリクトの解決のゴールは、学び、成長し、協力することにある」

――トム・クラム（*"The Magic of Conflict"*）

グループは「課題行動」と「プロセス行動」の2軸で成長する

これまで紹介してきた「型」を使って会議を運営し、チーミングを進めていくと、単なるグループがチームへと成長していきます。その成長には段階があり、段階が変わると、それぞれに適したチーミングの方法も変わります。

ですから、**チーミングリーダーは、グループの成長段階についてあらかじめ知っておくことで、適切にチーミングを進めることができます。**

そこで本章では、チーミングリーダーが知っておくべきグループの成長段階について、解説していきましょう。

課題行動の成長段階

まず紹介するのは、アメリカの人材開発コンサルタント、ジョン・ジョーンズによる研究成果です。

彼によると、**グループは、「課題行動」と「プロセス行動」の2軸に沿って、あらかじめ予想可能ないくつかの段階を経て成長していきます。**

課題行動の軸に沿う成長は、4段階に分けることができます。

最初は「方向模索」の段階。続いて、「組織化」、「自由な情報交換」の段階。そして最後に、最高レベルの「問題解決」の段階です。

方向模索

複数の人間が集められて、課題を達成することになったとき、最初に必ず体験するのが、「方向模索」の段階です。

「グループの課題は何なのか」「どのようにして課題を達成すればよいのか」「判断基準やルールはどうなっているのか」「グループとして求められていることは何か」ということを、メンバーは知る必要があります。

既存のグループでも、それまで取り組んだことのない課題を与えられたり、組織上のリーダーが変わったり、メンバーが大幅に入れ替わったりすれば、この最初の段階に逆戻りします。

すでに優れたチームに成長している場合は、この段階に逆戻りしても、初めてのときよりもずっと早く通過することができるはずです。

組織化

方向模索の段階をうまく通り抜けると、「組織化」の段階です。課題達成のために、行動をどのように組織化するかを考えて、選択をする段階です。ミーティングや意思決定の手順、リーダーシップのとり方、行き詰まりをどのように打開するか、などが、この段階で決まります。

自由な情報交換

課題達成のための組織化がある程度進み、かなり効率的、効果的に動けるようになると、「自由な情報交換」に進みます。この段階になると、メンバーは、課題達成の役に立つと思われる、自分が持っている情報を、グループのために惜《お》しみなく提供し合うようになります。

ここで言う「情報」には、事実だけでなく、自分の気持ちやものの見方、直感など、課題達成に関係のあるあらゆるデータが含まれます。

課題に関連する情報を、ある程度自由に交換し、共有できるようになれば、最高レベルの「問題解決」の段階に到達する準備が整ったと言えます。

問題解決

「問題解決」の段階では、メンバーは、単に課題に関する情報を交換するだけでなく、課題達成のうえでの障害を見極めるために情報を活用し、さらに、戦略や手法に関する情報も交換するようになります。

この段階に達して初めて、グループは効果的に課題達成に取り組み始めるのです。

プロセス行動の成長段階

「プロセス行動」は、課題達成のためにグループ内のメンバー同士が影響を及ぼし合うプロセスを中心とした、人間関係(相互関係)の軸です。

プロセス行動の軸に沿った成長も、課題行動の軸に沿った成長と同じように、四つの段階を通ると考えられます。

まず、「依存」の段階。続いて、「対立」から「まとまり」の段階へ。そして、最後の最高のレベルが「相互依存」の段階です。

依存

できたばかりのグループが、必ず最初に経験する段階です。既存のグループも、組織上のリーダーが変わったり、メンバーが大幅に入れ替わったりすると、この段階に逆戻りすることがあります。

ここで「依存」というのは、組織上のリーダーへの依存です。メンバーは、何かというとリーダーに指針を仰《あお》ぎ、安心させてもらい、保護を求めます。

この段階は、上下関係をすんなり受け入れられない人にとってはかなり苦痛であり、グループとしての課題達成の足を引っ張る場合もあります。

対立

メンバー同士の対話が続き、一種の「探り合い」の時期を過ぎて、お互いのつきあいが深まると、プロセス行動の軸に沿った成長は「対立」の段階に入ります。お互いの関係がぎくしゃくする段階です。知り合いになったところで、ものの見方や個性の違いが表面化してくるのです。

この段階では、リーダーシップや影響力、権力、存在誇示などを求めて、グループ内で争いが起きることもしばしばあります。争いは水面下で進行する場合もあり、また、お互いが異論を立てて協力を拒否するといった形で表面化する場合もあります。

まとまり

グループが対立をいたずらに回避することなく、正面から取り組んで、誠実かつ理性的に対処すれば、プロセス行動の軸に沿った成長の次の段階「まとまり」に進むことができます。

メンバー同士が正面から対決して、自分の気持ちや他のメンバーの行動に対する意見などを率直に言い合う中から、グループとしてのまとまりが育つこともあります。

あまりうまく機能していないグループの場合、メンバー同士の争いを「処理」する策の一つとして、主張を下ろしてもらうこともあります。**会議の中では、あくまで「仕事」を主語にして、人間関係そのものを扱うことは避けてください。**「仕事」を主語にすると、全体最適のために、主張を下ろしてもらいやすくなります。

意見の対立が鮮明なときは、それぞれの主張の「メタ成果」、すなわち、「その結果、得られるものは何か?」「それを選択することの意図は何か?」をお互いに問うてください。その結果、「総論賛成」の状態まで導くことができます。**各論で対立しているときには、「総論賛成」に立ち戻ることが大事**です。

相互依存

「まとまり」の段階では、まだ最高レベルに到達したとは言えません。**「グループとし**

てまとまれば、チームワークがよくなって、効果的に活動できる」というのは迷信です。「まとまり」の段階は、プロセス行動の成長の最高のレベルに到達する前に、ひと息入れている段階なのです。

「まとまり」の次に来る最高レベルを「相互依存」の段階と呼びます。または、「共同創造」の段階とも言います。

ここまで成長してくると、課題を達成してグループとしての責任を果たすためにはお互いの存在がどうしても必要だということを、メンバー各自が理解し、認め合っています。

そうなったグループは、課題の要請に応じて、またメンバーのスキルや能力に応じて、きわめて柔軟な態勢をとることができるようになります。グループ全体として活動するのも、小グループごとに活動をするのも、自由自在です。お互いが深く信頼し合い、信じ合い、協力し合うので、調和のとれた人間関係が保たれるのです。

理念や戦略、戦術や手法については激しい議論を戦わせても、深いところで信頼し合っているので、個人的な対立が生じることはありません。

皆が自分の意図を正直にさらけ出して、柔軟な姿勢で気持ちを通じ合わせることができるのです。

「グループ成長マトリックス」の対角線を進むのが理想

以上を、165ページの図4-1「グループ成長マトリックス①」にまとめました。

何かを成し遂げようと努力する人たちのグループは、「課題行動」と「プロセス行動」の二つの軸に沿って成長していきますが、メンバー同士が緊密に協力し合って、チームとして効果的に機能する段階に達するためには、**課題行動とプロセス行動の両面で、同時に成長していくこと、つまり、「グループ成長マトリックス」の対角線上を進んでいくことが理想**です。

図4-1では、対角線上に「形成期」「混乱期」「統一期」「機能期」と書きました。これは、ブルース・タックマンのグループ成長理論でのネーミングを引用したものです。

第1段階　形成期／未成熟なグループ

課題行動の軸では「方向模索」、プロセス行動の軸では「依存」の段階です。

メンバーは、組織が自分に何を期待しているのか、達成すべき課題は何なのか、どうやって達成したらよいのか、どんな基準があるのかを知ろうとしています。

また、リーダーシップから方向づけ、支援、課題設定に至るまで、すべてを組織上のリーダーに依存しています。

「未成熟なグループ」の特徴は、課題達成機能の面での成長がまだ低いレベルにあることと、リーダー中心の性格が極めて顕著《けんちょ》であるということです。

メンバーはまだ高い意欲を持っているとは言いがたいのですが、前向きの姿勢で期待を抱いており、それと同時に、課題について、また他のメンバーとの関係について、やや不安を感じている状態です。

第2段階　混乱期／分裂状態のグループ

グループが第1段階の関門をうまく潜り抜けると、第2段階の「分裂状態のグループ」になります。プロセス行動の軸では「対立」の段階にあり、課題行動の軸では「組織化」を目指しているところです。

これは、当初の期待と現実との落差に混乱を感じ、メンバーに不満が募《つの》る段階です。リーダーに依存している状態に満足できなくなり、目的や課題に対する批判を口にするメンバーが現れます。「こんなことをしていてうまくいくのだろうか」という不安の声があがることもあります。メンバーの幻滅が原因となって、グループの士気の低下が生じます。

分裂状態は、しばしば、主導権争いやコミュニケーション不足、論争、個人的対立などになって表面化します。

第3段階　統一期／協力できるグループ

オープンな姿勢で誠実にメンバー間の対立に対処すると同時に、色々な手順について合意が成立すると、グループは第3の段階に進みます。プロセス行動の軸では「まとまり」、課題行動の軸では「自由な情報交換」の段階です。この状態を「協力できるグループ」と呼びます。

具体的な事実だけでなく、感じたことや思いついたこと、好み、希望、ニーズなどを自由に話し合えるのが特徴です。

共同作業の仕方がはっきりしてくるにつれて、メンバーの不満は徐々に解消していき、お互いの信頼感が深まります。グループの実力に対する自信も深まってきます。

グループ成長のプロセスの中でも、この段階は大変居心地がいいので、このままここに安住したいと思ってしまいがちです。

しかし、**この状態では、まだ効果、効率ともに最高のレベルに達したとは言えません。**

お互いを支援し合うためのグループや自己成長を目的とするグループならば、ここで満足してもいいかもしれませんが、生産的に活動して課題を達成するためには、この段階で自己満足して止まってはいけません。

第4段階　機能期／効果的なチーム

「チーム」へと成長するためには、安住したくなるような居心地の良い状態をあとにして第4の段階に進まなくてはいけません。

図4-1　グループ成長マトリックス①

グループ相乗効果

プロセス行動				
相互依存				第4段階【機能期】効果的なチーム
まとまり			第3段階【統一期】協力できるグループ	
対立		第2段階【混乱期】分裂状態のグループ		
依存	第1段階【形成期】未成熟なグループ			
課題行動	方向模索	組織化	自由な情報交換	問題解決

課題行動の軸では「問題解決」、プロセス行動の軸では「相互依存」の段階です。

第4段階に達して初めて、「効果的なチーム」が誕生します。グループの成長の最高レベルです。

「相互依存」と「問題解決」が共存して、任務遂行に生産的に取り組めるようになるまでは、グループを「チーム」と呼ぶことはできません。

この段階では、メンバーはグループが課題を達成できることを確信し、効果的な活動に携《たずさ》わっていることに喜びを感じています。お互いに助け合うことは自然なことであり、抵抗や不満にエネルギーを費やさず、目的と課題達成に全力を注ぎます。

こうしてグループはますます力をつけ、効果的かつ効率的に課題を達成することができるようになるのです。

第4段階のグループがさらに成長し続ければ、高度に創造的な活動ができるようになります。「ビジョンを実現する」という視点で課題に取り組むのです。

常にベストを目指し、メンバー同士のアイデアや行動が融合して、相乗効果がますます高まっていきます。

成長の4段階それぞれに、リーダーの重要な仕事がある

グループが成長し、段階が変わると、組織上のリーダーにとってのチャレンジも変わります。

第1段階の「未成熟なグループ」では、グループの構造を整え、グループとしての有効な規範の確立を手助けすることがリーダーにとっての仕事であり、責任になります。したがって、この段階でのリーダーの仕事は、グループにとっての課題を明確にすること、適切な方向づけをすること、そして、指示や指導や勇気づけを求めてリーダーに依存しようとするメンバーの気持ちを敏感に捉えて、そのようなニーズに応えることです。

グループ成長の第2段階では、人間関係の面で対立が生じると同時に、グループが組織化の段階にあるため、課題行動がうまく機能しません。

ここで、**リーダーは対立から目を背《そむ》けてはいけません。**対立をオープンな形にして、これから一緒にやっていくにはどう折り合いをつけるかを話し合い、メンバー間のやり

取りの手綱《たづな》をとっていかなくてはなりません。

グループが第3段階の「協力できるグループ」に進むと、メンバーが協力し合い、心地よいまとまりを感じます。すると、「事を荒立てるな！」が合言葉になりがちで、惰《だ》性《せい》で流されやすくなります。

この段階では、リーダーは、「憎まれ役」になる覚悟をして、グループに刺激を与えなければなりません。さらに一段上の「効果的なチーム」に飛躍できるように、**意図的にグループを問題解決に巻き込み、任務遂行に取り組ませる**のです。

たとえば、

「とても居心地の良い関係が生まれたことはわかる。しかし、我々のミッションを達成することに対して甘くなっている。我々が同意した行動基準からの逸脱も見逃している。我々は勝つためにチームをつくったはずだろう」

というような厳しいメッセージを投げる。

あるいは、

「うまくいっていることだけに焦点を当てて、うまくいっていないことを人任せにし、連帯責任をとっていない感じがするが、どうですか？　チーム全体でミッションを達成するために、この問題をどのように解決するのですか？」

というように、フィードバックを与えます。

グループ成長の最高レベルである第4段階の「効果的なチーム」に達すると、リーダーにとっての仕事は再び変化することになります。

リーダーは、チームの一員として問題解決に参加すると同時に、チームの活動が課題達成の本筋から逸《そ》れないように、コンサルタントの役を務めることになります。リーダーも必要に応じて課題達成に参加するわけで、ここにこそ相互依存の真骨頂《しんこっちょう》があります。

グループ成長マトリックスの第4段階に達すると、さらにマトリックスの右上へと広がっていき、ミラクルを呼び起こすこともあります。

グループが高い創造性を持って機能し始めると、メンバー同士の力が相乗効果を発揮するようになります。リーダーにとって、この段階での重要な仕事は、**ビジョンを注入して、グループが最高の力を発揮し続けるように配慮する**ことです。

「対角線の両側」にあるグループの状態になったら？

すべてのグループが、理想的に、マトリックスの両軸に沿って同時に同じ速さで成長していくとは限りません。172ページの図4-2に示すように、「対角線の両側」に位置するグループも出てきます。グループはマトリックスの対角線上を一直線に成長するとは限らないのです。むしろ、対角線上を直線的に通過するグループのほうが稀だと言っていいでしょう。

対角線の左上

図4-2のe・i・j・m・n・oの6枠は、人間関係のプロセスが重視され、その分だけ課題達成がおろそかにされた状態です。

- **枠e**……グループが、プロセス行動の軸では「対立」の段階にあり、課題行動の軸では「方向模索」の段階にとどまっていると、抵抗と主導権争い、意見対立が見られます。

●枠i……グループの「まとまり」はあるが、「方向模索」の段階にとどまっていると、メンバー同士の信頼関係が築かれて、強い仲間意識によって結束しているものの、異質な存在を受け入れず、仕事をしないという問題があります。

●枠j……グループの「まとまり」はあるが、仕事は先に進まず、調和と協力ばかりが目につきます。ミーティングは和気藹々《わきあいあい》としたものになります。

●枠m……課題行動の軸がまだ「方向模索」の段階なのにプロセス行動の面だけが「相互依存」の段階に達してしまった場合は、曲芸飛行集団とでも呼ぶべき状態で、自由自在に意見は飛び交うのですが、仕事は少しもはかどらないという状態になります。

●枠n……課題行動の軸で「組織化」の段階に入り、プロセス行動の軸では「相互依存」の段階にあると、柔軟性が高く、自然発生的にメンバー間の交渉が行なわれます。

しかし、タスクの遂行のために誰が何をするのかの責任の所在が不明確な状態です。生産性が低い状態が続きます。

- **枠o**……プロセス行動の軸では「相互依存」の段階にある一方で、課題行動の軸では「自由な情報交換」の段階だと、お互いの協力と意思の疎通《そつう》は十分なのに、仕事ははかどらないという状態になります。

以上、**成長マトリックスの対角線の左上に位置する六つの枠はどれも、人間関係を重視するあまりに、課題達成機能がおろそかにされている**ことが共通しています。

対角線の右下

リーダーの姿勢やメンバーの好みによって、グループが対角線を右下へと外れて

図4-2 グループ成長マトリックス②

グループ相乗効果

プロセス行動	方向模索	組織化	自由な情報交換	問題解決
相互依存	m 曲芸飛行集団 自由な感情表現	n 柔軟性 交渉力	o 相互の支援 良い コミュニケーション	p 第4段階 効果的な チーム
まとまり	i 固い結束 信頼関係 仲間意識	j 調和 協力	k 第3段階 協力できる グループ	l 他人ごとではない 安全第一
対立	e 抵抗 主導権争い 意見の対立	f 第2段階 分裂状態の グループ	g 衝突 課題に関連した 正面対決	h 論争ごとに 意見の両極化
依存	a 第1段階 未成熟な グループ	b 非効果的 方法の模索 手順の論争	c 教える／教わる 一方通行 コミュニケーション	d 専門能力を持った リーダー中心の 問題解決

課題行動

いく場合もあります。マトリックスの枠としては、b・c・d・g・h・lがこれに当たります。

グループがこれらの枠に位置する場合は、人間関係を犠牲にして、課題達成を目指してきたということです。

- **枠b**……グループが「依存」の段階にあって、「組織化」を図っているグループは、非効果的な努力と、方法模索や手順に関連した論争が特徴です。
- **枠c**……プロセス行動がリーダーへの「依存」の段階にあって、課題行動の軸だけが「自由な情報交換」の段階に進んだ場合は、「教える」対「教わる」という先生と生徒の関係と一方通行のコミュニケーションが幅を利《き》かせます。
- **枠d**……プロセス行動の軸で「依存」の段階にとどまり、専門能力を持つリーダーが中心となって、ほとんどの対立を押さえ込んだまま、課題を達成するために「問題解決」の段階に進んだ場合です。リーダーを中心とした問題解決の能力ばかりが磨かれることになり、リーダーにとっては負担が大きく、「メンバーの動機づけが起きない」とか、「メンバーの腰が重い」と愚痴をこぼすことになります。会議の進行役になることを拒《こば》むリーダーも出てくるかもしれません。

• 枠g……課題行動の軸で「自由な情報交換」の段階にあるグループが、プロセス行動の軸で「対立」の段階に入ると、至るところで衝突が起こると同時に、課題がらみの正面衝突が生じて、かなりの緊張状態になるでしょう。

ただし、グループとしての課題や任務の達成にどのくらい近づいたかということについては、正直に話し合うことができるはずです。

• 枠h……プロセス行動の軸では「対立」の段階にありながら、「問題解決」に取り組む場合は、論争に皆の関心が集中し、問題ごとにメンバーの間に意見の両極化が生じます。「争点」や「論点の違い」という言葉が飛び交うのが特徴です。

• 枠i……課題行動の軸で「問題解決」の段階、プロセス行動の軸で「まとまり」の段階に達している場合は、グループにとっての問題を、メンバーが他人ごととしてではなく受け止められます。ただし、問題を議論するときは、まだ「安全第一」です。問題によっては正面衝突するほどにそれぞれの意見を戦わせる必要もあるはずですが、なかなかそうはなりません。

グループは、成長の過程で対角線を外れていくこともありますが、第4段階の「効果的なチーム」にまで成長して、グループとしての最高レベルを極めるためには、課題行動の軸で言うなら「方向模索」「組織化」「自由な情報交換」「問題解決」の各段階を順に踏んでいかなくてはなりません。プロセス行動の面でも、「依存」「対立」「まとまり」の段階を順に経てから、真の「相互依存」の段階に到達しなければならないのです。

メンバーが「チーミングリーダー」にならなければならない

グループは、課題行動とプロセス行動の2本の軸に沿って、それぞれ四つの段階を経過して成長していきますが、新しい課題に出会ったり、組織上のリーダーやメンバーが大幅に変わったりすると、初期の段階に後退してしまいます。

リーダーは、グループの成長の様々な状況下で、リーダーとしてのチャレンジングな仕事を引き受け、グループの状態に合ったスタイルのリーダーシップをとることが重要です。

しかしながら、グループのリーダーは、メンバー間の人間関係やチームづくりに関して生じる問題に対して、主観的に頭を突っ込んでしまいがちです。解決の促進者になることが難しいのです。

そこで、**グループ全体の成長のプロセスを俯瞰して、必要なタイミングで効果的な介入をするチーミングリーダーの援助が有効**です。

チーミングリーダーは、自分のグループが「成長マトリックス」のどこにいるのかに気づき、右上の「効果的なチーム」を目指してチーミングをしていきます。

大事なことは、どこにいるのかに気づくことです。

そして、狙うのは常に「効果的なチーム」になることです。

今、グループがどんな状態でも、それは現在地を知らせてくれる情報なのです。

課題行動優位のグループに対してチーミングリーダーが働きかけるべきことは、メンバーがお互いを助ける場づくりです。成果志向のグループになっているので、メンバー同士のつながりを補強します。それぞれの体験を正直に分かち合ったり、連帯責任で行なう作業をしたり、うまくいっていないメンバーに手を貸したりする場を提供していくことによって、チームビルディングを促進します。

プロセス行動優位のグループに対しては、チーミングリーダーは、達成することの意味づけを強化する必要があるでしょう。人間関係重視に偏《かたよ》っているので、成果への意図を持たせるのです。

目指すゴールと数字が示す現実の結果とのギャップを明確にすることで緊張構造をつくりだし、達成のためのストレッチ度が高い行動目標を、グループでも、メンバー個人でもつくる機会を提供します。そうして、チームで勝利に向かう体制を整えます。「勝って和し、和してまた勝つ」のです。

コンフリクト（対立・葛藤）にはプラスの面もある

チーミングリーダーにとっても、メンバーにとっても、最も困難な時期は、プロセス行動の軸の「対立」の段階です。

課題行動の軸の「組織化」の段階と重なると「分裂状態のグループ」になります。先述のように、この段階を、タックマンは「混乱期」と呼びました。

対立は、プロセス行動の軸の「対立」の段階だけで起きるわけではありません。どこでも生じる事象ですので、プロセス行動の軸の「対立」と区別して、「コンフリクト」という言葉を使いましょう。

コンフリクトの要因は様々です。目標や判断基準の違い、立場の違い、個性の違い、意見の違い、役割に対する認識の違い、責任の曖昧さ、隠された議題、規範の欠如や曖昧さ、競争的な報償制度、会議運営のまずさなどが原因となってコンフリクトが生じます。

課題行動の軸でのコンフリクト

課題に関するコンフリクトには、任務遂行上、プラスの影響もあればマイナスの影響もあると考えられます。

マイナスの面は、メンバーがストレスを感じるということです。たいていの人は自分のやっていることや考えていることに対する批判的な反応を嫌うものです。

プラスになるのは、難しい課題のときです。任務が複雑で難しくなるほど、異なる視点が有効に働き、より良い決定につながったり、集団のプロセスを向上させたりするものです。

課題のコンフリクトをうまく管理できれば、集団思考に陥ることを回避し、良い決定に至ることができます。また、創造性が増し、革新的なアイデアを受け入れることにもなるでしょう。

しばしば人間関係のコンフリクトが課題のコンフリクトの中に隠れていますが、課題のコンフリクトにしっかりと対応していくうちに、人間関係のコンフリクトもコントロールされていくものです。

プロセス行動の軸でのコンフリクト

お互いの関わり方の問題、個性のぶつかり合い、特定のメンバーに対する否定的感情から生じるコンフリクトは、グループの業務遂行の妨げとなります。

人間関係に関するコンフリクトが生じているときは、メンバーの情報を理性的に処理する能力が低下し、気に入らない相手の話には耳を貸さなくなります。

誰が何をどのようにするべきなのか、どのくらいの責任を負うべきか、などの、義務と責任の所在に関するコンフリクトもあります。これは、士気や生産性が低いグループで生じやすい。

ただし、課題のコンフリクトと同様、役割や規範を決め、グループとして課題にどのように取り組むかを決定する機会になるなど、プラスに働く側面もあります。

第4章の学びのポイント

- 「グループ成長マトリックス」を知っておき、自分のグループは、今、どこにいるのかに気づくことが重要。そして、対角線上へと導いていこう
- コンフリクトは、グループが成長するうえで不可避であり、また、さらなる成長のために必要である

自分との対話の「型」 その4

仮想空間でのメンタリング

紀元前1200年頃、勇者オデュッセウスがトロイ攻略に出発します。出帆《しゅっぱん》の前に勇者は一人の男を呼んで、自分の息子であるテレマコスの守護役に任じます。彼は教師、助言者、時には友人、また父親代わりとなって、テレマコスの成長を10年間にわたり援助します。この男の名はメントール。これがメンターの語源です。


メンターとは人生の師であり、助言者です。

人生で本当に優れたメンターに出会うことは稀です。

メンターは選ぶことができません。メンターがメンティー（指導される人）を選ぶのです。

だから、人生でメンターに出会うことは簡単ではないのです。

いつ訪れるかわからない決定的な出会いのための準備を怠《おこた》らないことが大事です。


ここでは「仮想空間でのメンタリング」という「型」を紹介しましょう。

これは、あなたの想像力を使って、尊敬する人物をメンターとして招待してしまう、コーチングの手法です。

「仮想空間でのメンタリング」は会議の一種です。会議ですから、**まずはメンターに相談したいテーマが必要です。**

次に、その件に関して誰からのアドバイスや問いがほしいのかを考えて、３名の人物をメンターに選びます。会ったことがない人物でもいいですし、歴史上の人物や、小説や映画の登場人物などでも構いません。

そして、あなたが選んだメンターの皆さんを仮想空間に招待します。

まったくの想像でも構いませんが、**より効果的な会議にするには、実際の部屋に四つの椅子を用意して、それぞれのメンターの座り位置や立ち位置も決めて行なうといいでしょう。**

そうして、一人ひとりの人物の中に主観的に入り込む、つまり、その椅子に座り、その人物の目で、あなたを見ます。その人物になりきって呼吸をしていると、「その人だったらこういうアドバイスを与えてくれるだろうな」という言葉や何らかのリソースが直感的に出てきます。想像力を使って、そのメッセージをあなたに与えます。

メッセージを与えたら、その人物から抜け出て、別のメンターの中に主観的に入り込み、同じことをしていきます。

３人目のメンターからのメッセージも受けたら、自分自身に戻ります。

こうして、あなた自身が選んだ３名のメンターからのアドバイスやメッセージをすべて受け止めて、統合すると、想像を超えた答えが残ることもあります。

経営者は孤独だと言う人は多くいます。実際、エグゼクティブ・コーチングをしていると、社内では相談できないことを相談されます。「仮想空間のメンタリング」は、そうしたテーマにもとても効果的なセルフコーチングの手法です。

自分ひとりの頭の中だけであれやこれやと思考を巡らせるよりも、異なる知覚位置からの意見を聞くことになる個人ワークをするほうが有効です。尊敬する人物のモデリング（１５１ページ参照）にもなります。

第5章

短期間でチームを一枚岩にするチームコーチング

「うまくいっているチームはその課題を達成し、健全な関係性を維持し、メンバーの個人的かつ職業的な側面での成長が促進されている。これらの三つはチームとしての成功を定義するうえで重要な要素である」

——ダニエル・レヴィ
（*"Group Dynamics for Teams"* 2nd Edition）

チームコーチが入ると、さらにチーミングが効果的になる

本書では、会議やチームのメンバーが、「チーミングリーダー」として、会議運営やチーミングをリードする方法について説明してきました。

チーミングをさらに効果的に進めるには、会議の「型」を熟知している外部の「チームコーチ」が、中立的な立場で、会議に参加するという方法があります。

最終章では、さらに上を目指す読者のために、チームコーチの役割について簡単にご紹介したいと思います。

チームコーチングとは集団プロセスへの介入

チームコーチが行なうのは「チームコーチング」です。

こう言うと、「1対1のコーチングをグループでやるイメージですか?」と聞かれることがありますが、「グループ」と「チーム」はまったく別物です。

チームコーチングは、小さな集団が、単なるグループではなく、チームにならなければ成し遂げることができないような目覚ましい成果をつくりだすための戦略的会議です。

そして、チームコーチング・メソッドは、ビジネスだけではなく、スポーツや学校など、ほとんどの組織で実践可能です。

チームコーチングも、コーチングと同様に、プロセスへの介入です。

チームコーチングとは、グループがチームへと変容するプロセスを支援し、ビジョン実現、リーダーシップ開発、より大きなシステム（組織）への貢献をつくりだすように、メンバー相互の関わりを促進することです。

それをリードするチームコーチとは、明確な目的とビジョンを共有するようにグループを力づけ、グループから任務達成への自発的なコミットメントを呼び起こし、彼らを勝利に導くために、グループがチームへと変容していくプロセスを通して、包括《ほうかつ》的なコーチングを行なうリーダーである、と私は定義しています。

チームコーチは、本書で紹介してきた様々なワンオンワン・ミーティングや会議の「型」を含めて、多くの「型」を身につけているプロフェショナルです。場面に合わせて、その中から適切な「型」を選び、活用するのです。

チームコーチングでも「GROW会議」が基本の「型」

第3章で紹介したGROW会議は、チームコーチングでも基本的な会議の「型」です。

チームのメンバーに選ばれた人々が本気になる瞬間がいくつかあるのですが、その一つが、GROW会議の「現状把握(R)」のステップです。

人は、見たいように見て、聞きたいように聞き、感じたいように感じ、解釈したいように解釈しているものです。

そこで私は、チームコーチングのはじめに「グランドルール」を設定する際に、「自分にとっての事実を正直に伝えること。他の人の事実を受け止めること」という項目を入れるようにしています。

様々な視点から現状を正確に把握し、理解を共有し、さらに探求していくことで、どのくらい真実に迫ることができるかが大事です。表面的な現状把握で終えてしまうと、メンバーたちが「この事実をつくっているのは自分たちなのだ」ということに直面しません。**「これが我々の組織の現状なのだ」ということを認めると、メンバーの尻に火が点《つ》きます。**つまり、「問題回避型の動機づけ」が起きてきます。

そのうえで、**「では、本当はどういう状態であることを望むのか？　何を実現するのか？」という「目標（G）」のステップに移行していくことにより、「目的志向型の動機づけ」が起きてきます。こうして、心に火が点くことになります。**

ピーター・ホーキンズ博士の「5Cモデル」

私は、GROW会議の「型」に、「5Cモデル」を組み合わせてチームコーチングを行なうことがあります。

「5Cモデル」は、チームコーチングの世界的権威の一人であるピーター・ホーキンズが、著書『チームコーチング　集団の知恵と力を引き出す技術』(英治出版)で紹介しているものです。

少し話は逸れますが、同書を翻訳したご縁で、2019年4月に、彼を招いて東京で4日間のワークショップを開催したことがあります。

ワークショップと実際のチームコーチングの現場とは異なるとはいえ、人はそれほど器用に顔を使い分けないものです。ホーキンズの穏やかで人々を尊重する温かい人柄に、参加者は魅力を感じました。

振り返ってみると、私自身も感化され、それまでは比較的厳しいチームコーチングをリードしてきましたが、それ以降はユーモアにあふれ、楽しい雰囲気でリードするようになりました。

ホーキンズは、**「チームコーチングは『リフレクション』だけでなく、チームが『リフレクション、新たな思考、計画、行動、そして再びリフレクション』という学習サイクルをスムーズに繰り返す手助けをしなければならない」**としています(『チームコーチ

ング　集団の知恵と力を引き出す技術』)。
この見解は、「経験学習サイクル」をチームコーチングの中に取り入れているという点で、有効かつ実践的です。
ちなみに、リフレクションとは「内省」「振り返り」という意味です。

なお、ホーキンズは、チームコーチングを、「自らのミッションを明確にし、内外における関係を改善することで、チームに個々のメンバーの合計以上に機能できるような力を与えること。チームリーダーに自分のチームをどのようにリードするのかをコーチングすることとも、グループ内の各人をコーチングすることとも異なる」と定義しています。

ホーキンズの「5Cモデル」とは、チームコーチが、会議、あるいはワークショップをリードしていく、五つのステップです。ここでは基本原則を要約して紹介しますので、詳しくは『チームコーチング　集団の知恵と力を引き出す技術』をお読みください。

第1の基本原則　任務を与える（Commissioning）

チームが成功するためには、まず、その任命者たちから明確な任務を与えられなければなりません。

このステップで問われる内容は以下のようなものです。

- なぜメンバーたちは選ばれたのか？
- チームの任務は何か？
- チームに任務を与えるのは誰か？
- 任務についてチームは一致しているか？

たとえば、チームコーチから参加メンバーに、次のように問いを投げかけます。

「私から皆さんに質問を差し上げます。皆さんには、まずは、お一人で答えを用意していただきます。その後、メンバーそれぞれに意見を発表していただきます。それから皆さんに議論していただき、統一見解を創造していただきます。
最初の質問は、『なぜ、私たちはここにいるのか？』です。
それでは、５分間でご自身の答えを書いてください」

このようにチームコーチが会議をリードし、周到に準備された一連の質問に対する答えを共有することで、チームとしての任務や使命を生み出します。

時には、クライアント企業の経営トップやオーナーから、チームコーチに任務を与えられることもあります。その場合は、メンバーが集められた理由を伝え、「与えられた任務は何を意味しているのか」「その任務を、あなたは、チームは、引き受けるのか」を質問する、意思決定プロセスが必要になります。

第２の基本原則　明らかにする（Clarifying）

新たに誕生したチームが最初にするべきことは、**チームのミッションを明らかにして、それを進めていくこと**です。ミッションの創作プロセスでチームメンバーの連帯感が増していきます。

このステップで問われる内容は以下のようなものです。

- チームのタスク、ミッション、目的
- チームのビジョン
- 合意された目標と優先事項
- チームのＫＰＩ（重要業績評価指標）

チームコーチは、たとえば次のように、参加メンバーに問いを投げかけます。

「皆さんがチームとして何を成し遂げる必要があるのかは共有できました。これからは、自社の現状を明らかにしていくプロセスになります。様々な視点で現実を明らかにしていきます。

図5-1 ピーター・ホーキンズの「5Cモデル」の5つの原則

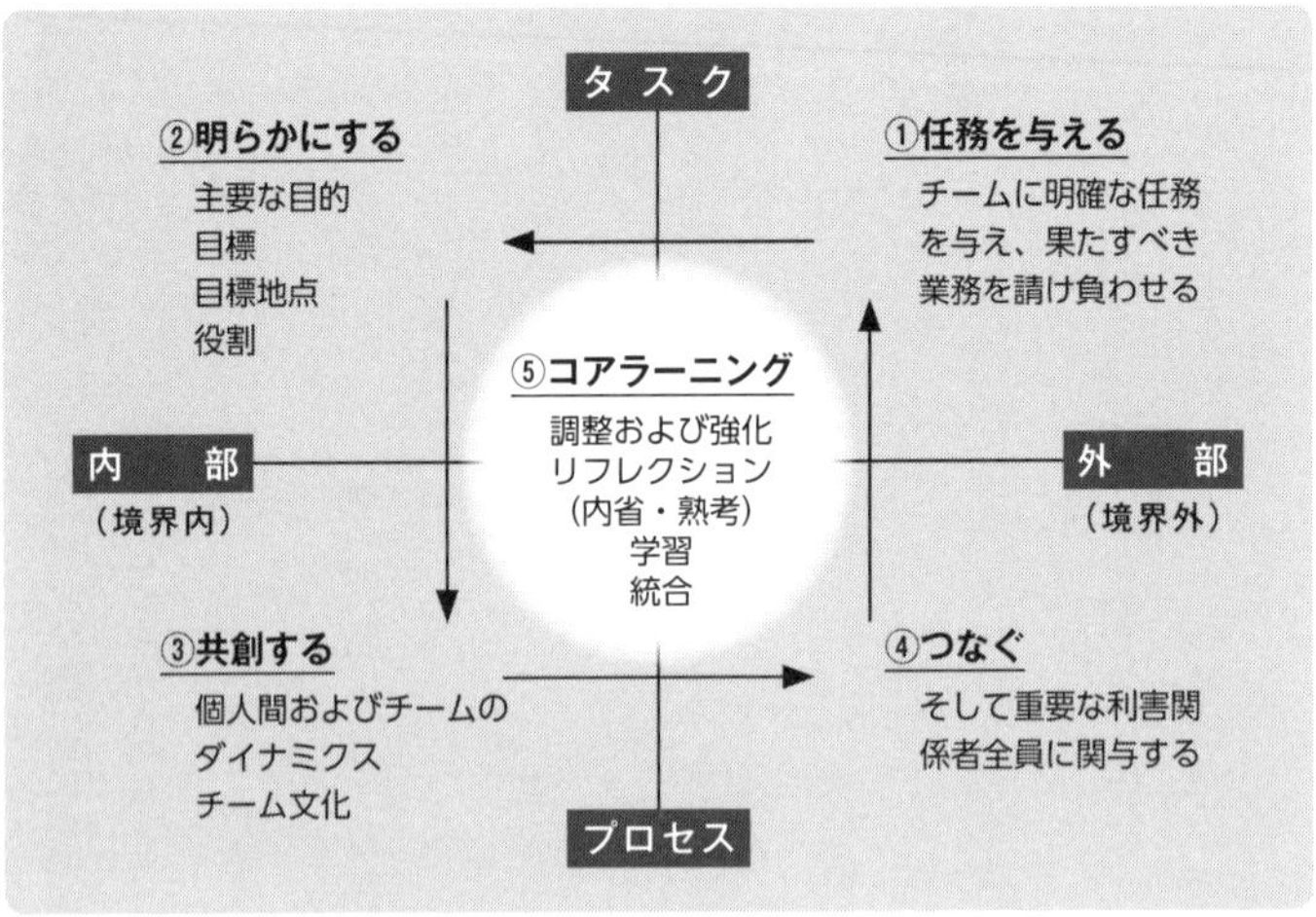

出典：『チームコーチング　集団の知恵と力を引き出す技術』ピーター・ホーキンズ著
佐藤志緒訳　田近秀敏監訳（英治出版）

次の質問は、『我々のビジネスの特徴は何か?』です。
まずは、お一人で答えを探求していただく時間を5分間とします」

チームコーチは、事前に経営トップや依頼者、参加メンバーへの個別インタビューセッションを行なう過程で、「明らかにする」べきテーマ群を決めておきます。

第3の基本原則　共創する（Co-Creating）

チームのミッション、ビジョンや戦略をメンバー全員が承認するだけでは、チームとは言えません。それらを業績に反映させる絶え間ない努力が必要です。

チームは常に創造的で生成的な共同作業を行なうことによって、望ましい成果を手にしていかなければいけません。

このステップで問われる内容は以下のようなものです。

- **チームをコーチングして、共創状態へと導く**
- **グループ成長段階を観察し評価する**

・グループの成長段階を次へと導く
・チームメンバーの役割を明確にする

チームコーチは、チームの状態を見て、どうすればより強いチームとして出発することができるのかを判断します。個々のメンバーが優秀であることはもちろん大事ですが、チームの総合力を形成するために、たとえば次のように、共創する機会を与えていきます。

「次回のチームコーチングまでに5週間あります。この間、チームで協力し合い、大きな成果を持ち帰るために、ピットイン会議を行ないましょう。いつ、どのように開催するのかを皆さんで決めていきましょう。そのための時間を、今から30分間とります」

「チームとしての行動規範が必要ですね。これから全員で、チームメンバーである限り遵守《じゅんしゅ》しなければならない行動面での約束を合意していきましょう。皆さんに提供する時間枠は70分間です」

第4の基本原則　つなぐ（Connecting）

任務が与えられ、何をどうするのかを明らかにし、ともに仕事をするところまで来ました。チームを含むより大きなシステム（組織）に貢献するためには、**自分たちだけではなく、重要なあらゆる利害関係者に関与する**必要があります。

このステップで問われる内容は以下のようなものです。

- **利害関係者は誰か？**
- **問題の領域はどこか？**
- **広範囲なシステミックな状況（政治・経済・社会・技術・法律・環境）との関連はどうなっているか？**
- **主要な利害関係者のニーズにより良く取り組むために、チームは何に注意を払う必要があるのか？**

チームコーチは、たとえば次のように、参加メンバーに働きかけます。

「協力会社の経営陣をここに招待して、我々の思いを共有し、エンドユーザーのために、ともにどのようなサービスが提供できるのかを協議する必要があるようですね。いかがですか？　誰を招待するのかを決めましょう」

「営業部門のチームコーチングが進行していますが、製造部門のチームコーチングも続いていますので、どこかでお互いの構想をぶつけ合ってベクトルを共有しましょう」

第5の基本原則　コアラーニング（Core learning）

ホーキンズは、この基本原則は他の四つよりもさらに重要だと言っています。

ここでは、チームは**ステップバックして、自分たちのパフォーマンスとプロセスを振り返り、次の仕事のサイクルのための学びを強化します**。これによって、「チームとしての集団的学習」と「チームメンバーとしての個人的学習」の両方が促進されることになります。

このステップで問われる内容は以下のようなものです。

- チームに必要な変化は何か？
- あなたとチームとの関係にはどのような変化が必要なのか？
- あなたが望む変化を得るために、あなたにはどのような変更が求められているのか？
- チームとして何を学んだのか？
- どうすれば学習を私たちの行なうすべてのことに組み入れることができるのか？
- 今後の行動を決める

コアラーニングは、メタポジションに立つことで起こります。

ホーキンズは、「高業績を上げるチームが、これらの領域間の相互関係に焦点を合わせると同時に、集団的機能を発展させ、『離陸したヘリコプター』のように俯瞰した視点から、四つの領域をつなぐより幅広くシステミックな全体図を見渡していることに気づいた」（『チームコーチング　集団の知恵と力を引き出す技術』）ことから、四つの領域を表すモデルの中心に、核となる五つ目の領域である「コアラーニング」を追加することにしたようです。

「離陸したヘリコプター」からの視点とは、本書でこれまで使ってきた表現では、メタポジションに当たります。

コアラーニングの段階では、チームコーチは、たとえば次のように参加メンバーに働きかけます。

「これで、皆さんが一つのチームである理由が明らかになりました。そして、ミッションとゴールが明確になりました。ここまでのプロセスでどのようなことに気づきましたか？　お互いに学びとして共有しておきたいことはありますか？」

「3人ずつの小グループをつくってください。そして、気づいたことや学んだこと、そして、次に活かすべきことを、まとめてホワイトボードに書き残してください。それが終わったら、それぞれの小グループが書いたものを自由に見に行って質疑応答する時間をつくります」

ホーキンズが開発した「5Cモデル」は、直線的と言うよりは循環的です。**コアラーニングは5段階目で必ず行なうセッションですが、どの段階であれ、メンバー同士でコアラーニングを行なうことで、経験学習を深めることが可能です。**

各段階で必ずやるわけではありませんが、いつでも、コアラーニングに戻ることで、経験学習を深めつつ、任務の実現に向かうことができます。チームの連帯感も増し、なおかつ、チームとしてもメンバー個人としても気づきを得て、知識と能力を向上させることができます。

たった4日間で組織が変わる

組織心理学者であるコニー・ガーシックは、「チームのライフサイクル」として、チーム活動を時間の経過で捉えると、「始まり」「中間地点」「終わり」という3段階の流れになると指摘しています。

その自然な流れに合わせて、私は基本的なチームコーチングプログラム「一枚岩会議®」をつくりました。「始まりの2日間」「中間地点の1日」、そして「終わりの1日」と、合計4日間のプログラムを基本の「型」にしたのです。

「一枚岩会議」と名づけたのは、2012年4月、キリンビールマーケティング株式会社（2017年にキリンビールと事業統合）の初代の代表取締役社長であった植木宏さんが、

「始まりの2日間」の創業経営会議が終了したときに、「こんなに早く経営幹部が一枚岩になるとは思っていなかった」と感動した面持ちで感想を述べられたのを聞いて、経営トップにとって一枚岩の経営チームをつくることが悲願なのだと知ったからです。

「始まりの2日間」

「始まりの2日間」では、第4章で紹介したグループ成長段階の「形成期／未成熟なグループ」から「混乱期／分裂状態のグループ」を短時間で超えて、「統一期／協力できるグループ」まで一気につくりあげます。そのためには、

- チームとしての任務を明確にすること
- コミットメントを引き出すこと
- どのように仕事をするかについて規範を設定すること
- チームの境界や役割と責任の輪郭《りんかく》を明らかにすること

そして、

- 良いスタートを切るためのモチベーションを生みだすこと

に焦点を当てることになります。そうして、任務遂行への動きをつくるのです。

「中間地点の1日」

「中間地点の1日」までに、任務に従事したメンバーが様々な経験をしてきています。

そこでは、メンバーたちは、目標を達成できるかどうか、これまでの方向でうまくいくのかどうかについて、懸念を持っていることがあります。グループ成長段階としては「混乱期／分裂状態のグループ」として戻ってくることもあります。一方で、「機能期／効果的なチーム」にかなり肉薄《にくはく》して戻ってくる素晴らしいチームもあります。

どのような成果をつくっていたとしても、メンバーは、チームの成果とプロセスに関してしっかりと見直す必要があることを自覚しています。彼らは戦略的な問題を集中的に話し合うことへの準備ができています。

ここから、チーム力を補強して、後半戦での勝利に向かって行動計画を立てていきます。

「終わりの1日」

「終わりの1日」は、任務の終わり近辺に設定します。

そこでは、チームのメンバーが努力してつくった成果とそのプロセスを通して学んできたことを明らかにし、今後に活用することを援助します。完了のプロセスです。個々のメンバーとチームそのものがどのように成長してきたかを承認する機会でもあります。

やがて任務が終了するとき、あるいは期末が訪れたとき、チームは解散して、「形成期／未成熟なグループ」の段階から再スタートすることになります。

チームコーチングの事例——京都トヨタ自動車

5CモデルとGROW会議を組み合わせたチームコーチングを行ない、結果を出した事例として、京都トヨタ自動車があります。

私が京都トヨタ自動車でチームコーチング「一枚岩会議」を始めたのは2019年10月でした。次期社長となることが決まっている副社長の芳賀将英《はがまさひで》さんを含む営業系幹部12名の経営リーダーチームでスタートし、翌月から、営業店舗を束《たば》ねるAブロック、Bブロック、C＋Dブロックの3チームでもスタートしました。

京都トヨタ自動車は、その時点で、京都府のトヨタ系のディーラーの中で、シェア3

位でした。

チームコーチングを導入した背景には、メーカーであるトヨタ自動車が打ち出した方針がありました。2020年5月から、トヨタ系の全ディーラーがトヨタブランドの全車種を併売《へいばい》可能にするというものです。

従来は「トヨタ」「トヨペット」「カローラ」「ネッツ」の4系列あるディーラーそれぞれに専売車種があったのですが、それをなくすのです。

日本最多の車種をそろえるトヨタブランドの全車種を扱うことで、顧客のニーズをつかみ、売り逃しをしないというプラス面もありますが、トヨタ系のディーラー同士が顧客を争奪し合うというマイナス面もあります。ディーラー各社にとって、施策を間違えば経営の危機にもなり得ます。

これが事業承継のタイミングと重なっていくということで、芳賀さんは大変な危機感を持っていました。

そこで、危機にしっかりと立ち向かい、むしろチャンスにしていくために、経営幹部の一体化を図り、その新しい経営幹部とともに事業承継を成功させていく目的で、「一枚岩会議」を実施したのです。

京都トヨタ自動車がどのような手を打ったのか、詳細は省略しますが、典型的な出来事を、芳賀さんの許可を得てご紹介します。

■任務を与える

経営リーダーチームは、最初のセッションで、自らを「私たちは京都トヨタが勝ち残る責任（実行と結果）を負う経営リーダーチームです」と定義しました。

そして、すでに決定していた年間の数値目標をあらためて共有しました。とりわけ、トヨタ店の旗艦車種であるクラウンの販売目標の達成を重視する方針を確認しました。

経営リーダーチームの「一枚岩会議」には、営業店舗を束ねるA・B・C・Dの各ブロック長も参加しており、この時点で経営リーダーチームが決定したことを各ブロックに正確につなげていくことに責任を持つことで一致しました。

■明らかにする

「明らかにする」プロセスでは、様々な視点で現状を把握し、良くも悪くも現状をつくっている真因を探求していきました。

そして、経営幹部チームは、「私たちは無責任だった。ビジョン・戦略を共有せず、現実を直視することなく、波風が立つことを恐れ、意思伝達の結節点の詰まりを放置した」と認めました。

約半年後に迫った、トヨタブランドの全車種併売という、今まで経験したことのない環境変化に対して、幹部たちがお互いに牽制《けんせい》し合い、腹を割った話がなされていなかったことにも気づきました。

会社の存続をも左右する大きな環境変化を他人ごとのように見ていた幹部たちが、自分ごととして正面から向き合うきっかけになったのです。


ここから反転して、勝ち残るための戦略を策定していく作業に入りました。

京都トヨタ自動車は、クラウンを扱える京都府で唯一のディーラーでした。

「いつかはクラウン」というコピー通り、クラウンはステイタスシンボルとなっており、購入する準備のある人が来店して検討していきます。クラウンは顧客を選び、利益率も高く、まさに最高の車です。

会議の中で経営幹部チームは、「トヨタ系のディーラーが全車種併売になって一番望むのは、クラウンなどの高級車のオーナーを顧客にすることだ」と仮説を立てました。
　そして、様々な視点から議論をした結果、「現時点での我々の最大の強みである、クラウンユーザーを顧客に持っていることとハイブリッド車の車検の他社より優れた技術を、徹底的に活用する」という基本方針を立てました。

　そのために、クラウンユーザーを訪問して、顧客との関係の再構築を２０２０年３月末までに終えるという行動目標を決めました。４月以降に他のディーラーの営業マンが法人を含めたクラウンユーザーにアプローチしてきたときには、すでに買い替えや車検納車の約束がされていて入り込む余

京都トヨタ自動車での「一枚岩会議®」の様子

地がない状態にして、戦意を喪失《そうしつ》させる、「戦わずして勝つ」戦略を２０１９年10月に採用したのです。

最重要目標数値はクラウン販売台数に絞りました。

■共同創造する

併売スタート前の２０２０年１～３月、トヨタ自動車はクラウンをメイン車種として販売してきた全国49のトヨタ店に対して「クラウン受注コンテスト」を行ないました。その１月の途中経過速報が芳賀さんから報告されました。

京都トヨタ自動車は、全国ランキングで32位でした。

全員、淡々として受け止めていて、誰も悔しがっていませんでした。毎年、全国の中くらいのところにランキングされていたので、慣れていたのです。

そこで、本気でクラウン販売台数を上げるための計画を立てるために、ＧＲＯＷ会議を取り入れました。ゴールを明確にし、常に現状を正確に把握したうえで、誰かを責めたり、原因や犯人を探したりする代わりに、「今から達成のためにやれることは何か？」だけに集中していったのです。

今まで勝負を避けてきた幹部たちが、腹を括《くく》って、全国のライバルに勝負を挑みました。

そして、2月。経営幹部としては最終回となる「一枚岩会議」の際に、クラウン受注コンテストの全国ランキングが6位に上がったことが報告されました。

「3月末まで、クラウン販売台数が勝負だということは曲げずにいく」ということを強く確認して、その意思を各ブロックの会議につなげました。

■つなげる

このあと、A・B・C+Dの各ブロックの3つの「一枚岩会議」の最終回が続いていくので、経営幹部チームの方針が揺らいだところを見せてしまうと、各ブロックの多くの店舗が崩れていって、経営幹部に対する不信感を残すことになります。経営幹部チームには各ブロック長もいたので、全社的に達成への動きを起こし続けるという団結を示し続けました。

最後のC+Dブロックの「一枚岩会議」は3月中旬に開催されました。そのときには、クラウン受注コンテストの全国ランキングは2位に着けていました。

この時点で各ブロックは販売台数目標に届いていなかったので不安と疲れがにじみ出ていました。しかし、やりきるしかないというコミットメントを自ら選んでいきました。

結果、全国49ディーラーの中で目標達成率1位となりました。初めての快挙でした。

■コアラーニング

会議では、常に経験学習サイクルに基づいて、振り返り、学ぶプロセスを大事にしていました。

自走のためのＧＲＯＷ会議を定期的に実施していったことで、数カ月間のチーム一丸《いちがん》となった動きが組織の体質にも影響を与えていったようです。

２０２０年度の成果も他のディーラーと比較して順調で、新型コロナ感染防止のために対面営業自粛の流れの中にいたにもかかわらず、２０２１年3月末の時点で京都府内のシェアがトップになりました。競争環境の変化があったにせよ、前年には約１・５倍も売っていたシェアトップのディーラーを1年で逆転したのです。

２０２０年度の販売台数は前年比１２５％を達成し、全国のトヨタ系ディーラー２６９社の中で対前年伸び率2位になりました。

まさに、会議を変えることで勝てる組織をつくることができたのです。

《チームコーチングプログラム「一枚岩会議®」を実際に行なって成果を上げた京都トヨタ自動車株式会社の副社長・芳賀将英氏と著者との対談を、下のURL・QRコードからお読みいただけます。

https://shuchi.php.co.jp/article/8762

第5章の学びのポイント

- チームコーチングは、コーチングと同じく、集団のプロセスへの介入
- 会議の基本の「型」であるGROW会議は、チームコーチングでも活用できる
- ピーター・ホーキンズの「5Cモデル」も有効な「型」となる。経験学習サイクルが回り、チームメンバーが学習を深めるだけでなく、チームを含むより大きなシステムへの貢献を意識するようになる

自分との対話の「型」その❺
3×4で習慣化

アリストテレスは、「優秀さは訓練と習慣の賜物《たまもの》である。私たちは美徳と優秀さを持っているから正しく行動するのではない。むしろ、正しく行動するから美徳と優秀さを持つことができるのである」と言ったそうです。

本書でお伝えした様々な「型」も、やはり訓練によって習慣にしなければなりません。

学習のプロセスは、5段階に分けて理解するといいでしょう。

第1段階は、意識面では「知らない」「わからない」、行動面では「できない」というレベルです。

第2段階は「なるほどなあ」「でも、やってみると難しい」というレベルになります。そこから練習を繰り返すことで、第3段階に来ます。「わかった」「やれば何とかできる」というレベルです。

第4段階は「当たり前にできる」レベルです。ここに到達するには7000時間を超える学習と実践が必要だと言われています。

さらに学習を究めていくと、資質にもよりますが、第5段階に移行していく可能性があります。達人の域に達した人が、自分が当たり前にやれることへの気づきを持ち、どのようにやるとうまくいくのかを他の人に教えることができるという、高度なレベルです。そこまでいったら、超一流のプロフェッショナルであると自他ともに認める逸材《いつざい》になっていることでしょう。

この学習のプロセスの5段階を昇っていくためには、訓練と習慣化が必要です。そして、クオリティ・マネジメント・サイクルズ（145ページ参照）の「成長のサイクル」のところで述べ

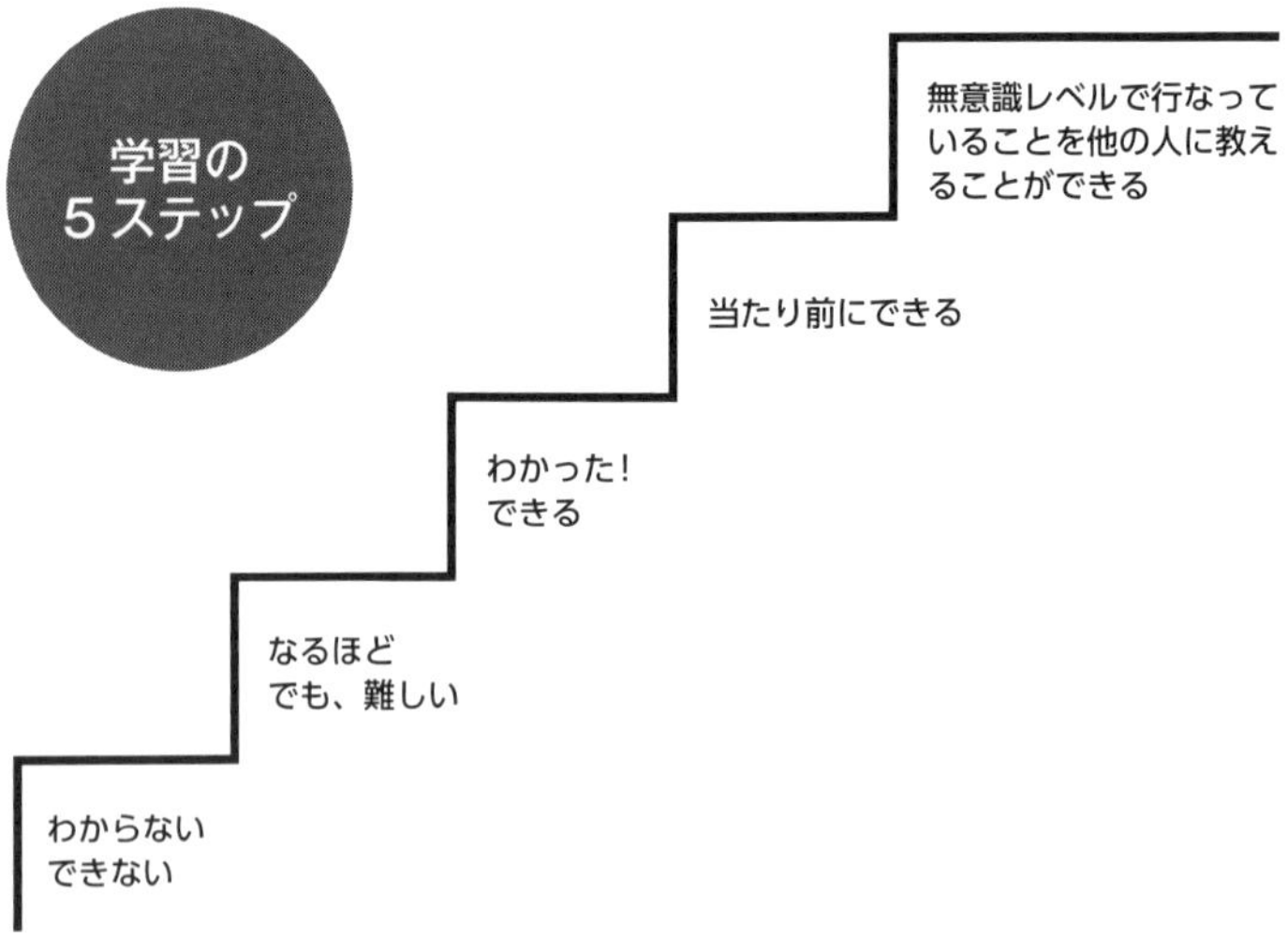

たように、習慣化の前には、モデリングし、実践することが必要です。

習慣化は、「3を4回超えていく」ことでできると覚えておくといいでしょう。

まずは、「3日坊主」を超えることです。気合いだけではどうしようもありません。ワクワクを感じていないと、すぐに元の木阿弥《もくあみ》になってしまいます。

「3週間」やり続けると、習慣形成の始まりになります。私たちの神経系が新しい反応や振る舞いを記憶し始めます。

そして、「3カ月」、おおよそ100日の修行によって、周りにも変化を生み出すことになり、成長や変化が評価されるようになります。それによって力づけられて、さらに頑張ろうという気持ちになるのです。

次は、「石の上にも3年」です。1000日を超えて実践していくと、新しい習慣を違和感なく実践できるようになります。様々な「型」を知って、「なるほど」と腑《ふ》に落ちる段階なのかもしれません。

さあ、今日から始めましょう。やがて、あなたの習慣になるときが来ます。

本書のまとめ

●会議は、運営方法次第で、単なる「グループ」を高い成果を上げる「チーム」へと変容させる場になる（第1章）

●そのためには、会議を職位が高い人や進行役のものにせず、参加者一人ひとりが「チーミングリーダー」として参加する必要がある

●チーミングリーダーになるためには「型」を身につけなければならない。この「型」は、ワンオンワン・ミーティングでも、グループの会議でも共通する（第2・3章）

●チーミングリーダーには、チームはどのように成長していくものなのかをあらかじめ知っておき、今の成長段階に適した役割を果たすことも求められる（第4章）

●コンフリクトを乗り越えてこそ、ミラクルを起こすチームが生まれる（第4章）

●チームコーチングを導入することで、経営者が望んでいる成果志向の一枚岩組織をつくることができる（第5章）

おわりに

かつて、恩師である松下幸之助さんに「衆知経営が大事だ」と教えられました。しかし、「三人寄れば文殊の知恵」に到達することそのものが困難なのに、どのように衆知経営をすればいいのか。その問題意識が、その後、ミラクルな結果を生み出す卓越したチームを創造するメソッドの開発に繋がっていったのだと、あらためて気づきました。

松下幸之助さんは、成功の秘訣を問われた際、「一つは学歴がなかったこと。二つ目は病弱だったこと。そして、三つ目はお金がなかったことだ」と言いました。

普通であれば、低学歴、不健康、お金がないことは、人生で成功しなかった言い訳になります。しかし、それを「成功の秘訣」へと意味づけを変えてしまいます。

学歴がなかったので、ためらうことなく人に教えを請《こ》うことができた。病弱だったので、人に任せることを覚え、その結果、人が育った。お金がなかったので、幼いうちから丁《でっ》稚《ち》奉公《ぼうこう》に出て、商人としての躾《しつけ》や商売のいろはを学べた、というわけです。

「景気良し。不景気また良し」とも言いました。これも、「不景気のどこがいいと言うのか」と怒りの反応を誘うような発言です。しかし、不景気のときにこそ、気づけたり、取り組んだりできることがあるではないか、というわけです。

こういう言葉を、気取ることなく、また飾らずに言えるのは、どのように思考が働いているのか、私は興味を持ちました。

これらは単なるプラス思考ではありません。

私は、経営の神様と言われた松下幸之助さんの特別な才能として、メタポジションに立つことが得意だったということを挙げたいと思います。

「塞翁《さいおう》が馬」のように、不幸、幸運、不幸、幸運を繰り返していく様々な出来事を高いところから俯瞰すると、「人生とはそのようなものだ」と達観することになります。様々な出来事の共通項を知ることもできます。あるいは、全体像を捉えることができます。

こうして物事を捉えるフレームがリフレーミングされた結果として「経営のコツはここなり」「商売のコツはここなり」と時代を超えた英智になるのです。

この思考の作業のことを「帰納的直感」と言います。

語っている出来事は昔の体験談が多いですが、今でも通用する知恵があります。それはなぜかと言うと、経験から得た普遍的な教訓だからです。だからこそ、いまだに松下幸之助さんの経営観や人生観が役に立つのです。

本書も、長い経験学習を通して実証してきたコツを「型」として示し、多くの皆さんの役に立つことを願って書きました。

文字数の制限があり、推敲の過程で当初の原稿の４割をカットしました。それでも基本の「型」を身につける役に立ちます。さらに多くの「型」を知って、理解して、使えるようになることは、プロフェッショナルの道具箱の中身を豊かにすることになります。

私は、はじめはグループでしかなかった人々が、短時間で卓越したチームに変容していくドラマを数えきれないほど見てきました。コンフリクトを乗り越えて、お互いを信頼し合い、困難な目標に挑み、任務を終えたあとも、「またこのチームでやりたい」「このチームのメンバーで本当によかった」という会話が、充実した笑顔とともにあふれていくのです。

私は日本に卓越したチームがあふれていくことを願っています。

勝てるチームは会議でつくることができます。ともに実践していきましょう。

ＰＨＰ研究所の吉村健太郎氏と岸正一郎氏には熱心にご指導いただきました。厚くお礼を申し上げます。

２０２１年８月

田近秀敏

● Models of the stages in the development from an immature group to a highly effective team, drawing on Tuckman and Jones and Gersick – showing how these maturational stages have both a task and process dimension.

● The Experiential Learning Cycle, that was originally developed by David Kolb, but has since been developed by a number of leading writers, including myself (Hawkins and Smith 2013). This can help teams balance reflecting on what has happened, develop new thinking based on experience, plan new approaches and then experiment with these in action, leading to new reflection. I have shown how many teams fall into limited approaches when they just focus on one segment of the learning cycle (Hawkins and Smith 2013: pp153-154).

● He goes on to describe The Five Disciplines of Systemic Team Coaching which I have developed over the last 12 years (Hawkins 2011, 2018, 2021) based on both a meta-survey of the best research on teams and 40 years of practice along with colleagues around the world.

He shows how these can be applied by teams themselves as well as by a team coach when they come in to help develop the team. This is well illustrated with case examples from a wide variety of contrasting organizations including Kirin Brewery, Toyota Car dealerships and International Baccalaureate Schools.

Never has it been more urgent for people to learn the Kata of teams and be coached to be masters in this craft. Western individualism and competitive capitalism have fuelled the climate crisis and brought not just the human species but the whole earth to the precipice of ecological collapse. To move forward we need all teams to function at more than the sum of their parts, to be able to create a 'Team of teams' across all organizations and learn the Kata of effective partnering across organizational boundaries, creating a 'win:win:win' relationship with all the organization's stakeholders and between the human and the 'more-than-human' world of nature.

Professor Peter Hawkins Ph.D.
Global Thought Leader in Systemic Team Coaching
Chairman Renewal Associates
Barrow Castle
Rush Hill Bath UK
www.renewalassociates.co.uk

Hawkins, Peter and Nick Smith, 2013, "*COACHING, MENTORING AND ORGANIZATIONAL CONSULTANCY SUPERVISION, SKILLS & DEVELOPMENT*" 2nd edition, Open University Press
Hawkins, Peter, 2011,2018, 2021,"*Leadership Team Coaching: Developing Collective Transformational Leadership*",KoganPage

Foreword for Team Coaching Book by Hidetoshi Tajika

Peter Hawkins

While watching the recent Tokyo Olympics, I was thinking that perhaps we should have Team Coaching as an Olympic Sport and that if we did Hidetoshi Tajika, would be a strong contender for the Gold Medal. He not only is the founder and President of the Japanese Team Coaching Association but developed team coaching in Japan while working for the Kirin Brewery in Japan and helping it become the leader in its sector. He also developed a training program that has been used by many different companies to train managers and leaders in how to develop teams and hold successful meetings.

Like Hidetoshi Tajika, I have long been inquiring into how come so many people hate going to meetings and find them boring and unproductive, and yet team meetings are such a great opportunity for teams to function at more than the sum of their parts and generate new thinking beyond the reach of any of the individuals. How rarely does this happen! Mr Tajika shows how successful meetings are based on a form and discipline which he likens to 'Kata' a Japanese word meaning "form". It refers to a detailed choreographed pattern of martial arts movements. This discipline needs not only to be learnt but practised with a team coach helping the team break old unhelpful habits and discover the form of successful meetings.

He suggests that the team manager needs to learn first how to hold successful one-to-one meetings with all their direct reports. These need to be based on a coaching approach, where the leader, rather than just issue orders, asks good quality questions and listens effectively to the responses, which indicate where the employee needs support and help. The meetings, however, are not just counselling meetings, but focus on the task and the objectives that need to be achieved in the work. They are performance and person centred.

He then goes on to team meetings and brings together a number of core models and approaches into his own signature approach. These models include:

● The GROW model popularised by John Whitmore, which argues that one starts from being clear about the Goal or purpose, than the current reality, then the opportunity to move from current to the required goal and then to plan collective and individual actions.

田近秀敏（たぢか・ひでとし）

㈱リーダーシップチーム・コンサルティング代表取締役
㈱日本チームコーチング協会取締役
モノリス㈱代表取締役会長
（一社）全国チームコーチ連盟代表理事

1957年生まれ。早稲田大学政治経済学部卒業。チームコーチングを開発し、多くの企業の組織変革を支援している。研修運営可能な人材開発テーマは多岐にわたり、様々な研修を30年以上にわたり提供してきた。また、プロフェッショナルコーチとして、1990年以降、1,400名以上を個別に指導してきた。公開セミナー「PHPビジネスコーチ養成講座」の講師なども務める。

ご連絡・お問い合わせは、https://www.leadershipteam.jp/へ

勝てるチームは会議でつくれ！
チーミングリーダー入門

2021年10月5日　第1版第1刷発行

著　　者　田　近　秀　敏
発 行 者　後　藤　淳　一
発 行 所　株式会社PHP研究所
東京本部 〒135－8137 江東区豊洲5－6－52
第二制作部　☎03－3520－9619（編集）
普　及　部　☎03－3520－9630（販売）
京都本部 〒601－8411 京都市南区西九条北ノ内町11
PHP INTERFACE https://www.php.co.jp/
組　　版　株式会社ウエル・プランニング
印 刷 所　株式会社精興社
製 本 所　株式会社大進堂

ISBN978-4-569-85062-7

PHPの本

道をひらく

松下幸之助 著

運命を切りひらくために。日々を新鮮な心で迎えるために——。人生への深い洞察をもとに綴った短編随筆集。40年以上にわたって読み継がれる、発行520万部超のロングセラー。

定価 本体八七〇円（税別）